역사 농단

1948년 건국론과 건국절

역사 논란

1948년 건국운동과 건국절

한시준 지음

대한민국 연표

08.29 대한제국 멸망(경술국치) ──── **1910년**

1917년 ──── **07.** 박은식·신채호·조소앙 등 17명, 임시정부 수립을 제창한 「대동단결선언」 발표

대한민국 원년 ──── **1919년**

03.01 「3·1독립선언서」 발표, '독립국' 임을 선언

03.17 연해주에서 손병희를 대통령으로 한 '대한국민의회' 수립

04.11 상하이에서 '대한민국임시의정원' 설립. 임시의정원 제1차 회의에서 국호를 '대한민국'으로 결정하고, 이승만을 국무총리로 한 '임시정부' 수립(대한민국 임시정부). 헌법으로 「대한민국임시헌장」 제정 공포, 제1조 '대한민국은 민주공화제로 함'

04.23 국내에서 13도대표자대회와 국민대회를 통해 이승만을 집정관총재로 한 '한성정부' 수립

09.11 '한성정부'를 정통으로 인정, 정부의 명칭은 '대한민국 임시정부'로, 소재지는 상하이에 둔다는 원칙에 합의하여 통합. 대통령 이승만, 국무총리 이동휘 선출, 헌법 개정, 대통령제를 핵심으로 한 「대한민국임시헌법」 공포

11.03 국무총리 및 각원들 취임식 거행

1920년 ──── **대한민국 2년**

12.28 이승만 대통령 상하이 부임

1921년 ──── **대한민국 3년**

05.29 이승만 대통령, 미국으로 돌아감

10.03 국무총리 신규식, 전권특사로 광주 호법정부를 방문하여 대총통 쑨원과 접견. 쑨원은 임시정부를 사실상 승인함

1925년 ──── **대한민국 7년**

03.18 대통령 이승만 탄핵

03.23 제2대 대통령 박은식 선출

04.07 헌법 개정, 국무령제를 핵심으로 한 「대한민국임시헌법」 공포

09.24 국무령 이상룡 취임

1926년 ──── **대한민국 8년**

07.08 국무령 홍진 취임

12.10 국무령 김구 취임

1927년 ── 대한민국 9년
04. 11 헌법 개정, 국무위원제를 핵심으로 한 「대한민국임시약헌」 공포

대한민국 12년 ──────── 1930년
01. 15 임시정부 여당, 한국독립당 창당

1935년 ── 대한민국 17년
11. 임시정부 여당, 한국국민당 창당

대한민국 21년 ──────── 1939년
05. 임시정부, 사천성 치장에 도착
10. 임시의정원 제31회 정기의회를 통해 임시의정원과 임시정부의 조직 확대 개편

1940년 ── 대한민국 22년
05. 09 한국국민당·한국독립당·조선혁명당 통합하여 한국독립당 창립
09. 17 한국광복군 창설(총사령 이청천, 참모장 이범석)

대한민국 23년 ──────── 1941년
06. 04 이승만을 주미외교위원부 위원장으로 임명
11. 28 광복 후 민족국가 건설 계획으로 「대한민국건국강령」 공포
12. 08 일제의 진주만 기습 공격, 미·일 간 태평양전쟁 발발
12. 10 주석 김구와 외무부장 조소앙 명의로 대일선전포고 발표

10. 09 헌법 개정, 주석제를 핵심으로 한 「대한민국임시약헌」 공포 주석 김구 취임

1942년 ── 대한민국 24년
04. 20 국무회의, 조선의용대의 광복군 합편 의결
10. 조선민족혁명당 등 좌익진영의 정당 및 단체, 제32차 임시의정원 의회에 참여

대한민국 25년 ──────── 1943년
07. 26 주석 김구·부주석 김규식 등 장제스 면담, 미·영이 주장하는 국제공동관리를 반대하고 전후 한국의 자유 독립을 관철시켜 줄 것을 요청
08. 광복군을 인도 버마전선에 파견, 영국군과 함께 항일전 수행
12. 01 전후 한국의 자유 독립을 보장한 카이로선언 발표

대한민국 26년 — 1944년

- **04.22** 헌법 개정, 주석·부주석제를 핵심으로 한 「대한민국임시헌장」 공포. 주석 김구·부주석 김규식 취임, 좌우연합정부 구성

1945년 — 대한민국 27년

- **05.** 광복군, 미국의 전략첩보기구인 OSS와 합작하여 '독수리작전'으로 국내 진입작전 추진
- **08.07** 주석 김구, 서안에서 OSS책임자 도노반 소장과 회담하고 국내진입작전을 추진하기로 합의
- **08.10** 일본의 무조건 항복을 요구한 포츠담선언 수락 소식이 알려짐
- **08.15** 일본의 항복 선언
- **09.02** 연합국, 미조리 함상에서 항복 접수
- **09.03** 주석 김구, 국내에 들어가 수행할 「당면정책」 발표
- **09.09** 미군, 조선총독으로부터 항복 접수, 미군정 실시
- **11.23** 임시정부 주석·부주석을 비롯한 요인 제1진 환국
- **12.02** 임시정부 요인 제2진 환국
- **12.19** 서울운동장에서 대한민국임시정부 개선환영대회 개최
- **12.31** 신탁통치 반대운동, 임시정부가 정부로 행사하겠다는 내용의 「국자포고」 발표. 미군정의 견제를 받게 됨

대한민국 28년 — 1946년

- **02.01** 임시의정원을 계승한 '비상국민회의' 설립(의장 홍진, 부의장 최동오)
- **05.16** 한국광복군, 총사령 이청천 명의로 복원선언 발표. 이범석 인솔 하에 5월 26일 귀국

대한민국 29년 — 1947년

- **02.14** '비상국민회의'의 명칭을 '국민의회'로 변경
- **03.03** 국민의회, 제41회 임시의회에서 과도정권 수립(주석 이승만, 부주석 김구). 이승만, '잠복한 상태로 있다가 정식 정부가 수립된 후 임시의정원과 임시정부의 법통을 전임시키자'며 취임 거부

1948년 — 대한민국 30년

- **04.19** 김구·김규식 등 남북협상 추진
- **05.10** 총선거 실시, 국회의원 198명 선출
- **05.31** 제헌국회 개원
- **07.17** 제헌헌법 공포
- **07.20** 국회, 이승만을 대통령으로 선출
- **07.24** 이승만 대통령, 국회에서 취임
- **08.15** 대한민국정부수립국민축하식 거행, 대한민국 정부 수립 선포

책머리에

농단壟斷이 나라를 뒤흔들고 있다

농단은 "어떤 사람이 시장에서 높은 곳에 올라가 사방을 둘러보고 물건을 사 모아 비싸게 팔아 상업상의 이익을 독점했다"는 데서 유래한 말로, 이익이나 권리를 독차지한다는 뜻이다. 나라를 뒤흔든 것은 국정농단이다. 국정농단이란 권리를 독점하고 사적인 이익을 위해 나라의 정치를 좌지우지하는 것을 말한다. 불행히도 농단은 국정에만 한정되지 않았다. 역사도 농단했다.

역사농단은 대한민국이 1948년에 건국되었다는 '1948년 건국론'으로 이루어졌다. 지난 2008년 이명박 정부가 출범하면서 제기된 이 주장이 우리 역사를 크게 농단하고 있다. 2008년이 '건국60년' 되는 해라며 정부의 주도 하에 이를 기념하는 위원회를 조직하고 각종 기념사업을 전개했다. 그뿐만 아니라 광복절은 1945년 8월 15일만 기념하는 것이라며, 1948년 8월 15일 대한민국 건국을 기념하기 위해 광복절을 '건국절'로 바꾸려 하기도 했다.

건국절 문제를 다룬 어느 방송국 토론회에 나갔던 일이 잊혀지지 않는다. 대한민국 임시정부에 대해 그동안 수많은 연구들이 이루어졌고, 또 "국가기관인 국사편찬위원회에서도 대한민국 임시정부와 관련한 자료들을 모아 50여 권의 자료집을 발행했다"고 하니, 상대편 패널이 "50권이 아니라 그런 책 수백 권을 내도 무슨 소용이 있느냐"며, 대한민국은 1948년에 건국된 것이라고 주장했다. 나중에 알고 보니 그 패널은 사회복지를 전공한 분이었다.

1948년 건국론과 건국절을 주장하는 인사들 가운데 역사학자는 거의 없다. 있다면 러시아사·미국사 전공자이고, 대부분 경제사·사회사·정치학 등을 연구하는 분들이다. 이들을 역사와 전혀 무관한 분들이라고는 할 수 없지만, 전공자라고 하기도 어렵다. 전문적으로 역사를 연구하는 역사학자들의 연구 성과와 결과를 매몰차게 부정하고, 근거와 논리도 없이 제기되는 비전공자들의 주장이 받아들여지는 현실은 올바른 사회현상이라고 할 수 없다.

역사 문제는 역사학자들의 전유물만은 아니다. 그렇다고 해도 각 분야마다 전문가가 있게 마련이고, 역사 문제 전문가는 역사가이다. 전문적으로 축구만 해온 선수들을 제끼고, 배구나 농구선수를 데려다가 축구대표팀을 만들었다고 생각해 보자. 1948년 건국론과 건국절 문제가 제기·추진되는 과정을 지켜보면서, 배구나 농구선수들이 나서서 축구경기를 하는 격이 아닌가 하는 생각을 갖지 않을 수 없었다.

이 책을 내는 데는 용기도 필요했고, 또 많은 분들의 도움도 받았다. 장충식 이사장님, 이만열 교수님, 박유철 회장님, 이종찬 전 국정원장님의 격려, 그리고 함께 연구하고 토론하며 조언을 아끼지 않은 김희곤·최기영·한상도·장석흥 교수의 도움은 큰 힘이 되었다. 주혜숙 사장과 보기 좋은 책을 만들어 준 역사공간 편집부 여러분에게도 감사한다.

    감사 인사를 하지 않을 수 없는 또 다른 분들이 있다. 독립운동 과정에서 '대한민국'이란 국가를 건립하고 '임시정부'를 수립하여 30년 동안 이를 유지한 대한민국 임시정부의 요인들, 제헌국회에서 대한민국 임시정부를 계승·재건하여 대한민국 정부를 수립한 이승만 박사의 지혜에 더 없는 존경과 감사의 말씀을 올린다.

2017년 7월

죽전연구실에서   한 시 준

차례

책머리에 농단(壟斷)이 나라를 뒤흔들고 있다 8

여는 글 대한민국은 1948년에 건국되지 않았다 14

1948년 건국론은 역사농단이다

근거도 논리도 없는 건국60년 29

임시정부와 헌법을 부정 44

이승만의 업적과 역사의식을 왜곡하는 '건국대통령' 62

미국은 '건국'보다 '독립'을 기념 89

1948년 건국론의 파급영향 95

임시정부에서 '건국' 기념 국경일 제정, 건국기원절(개천절) 105

대한민국은 1919년에 건립되었다

1919년에 국민주권·민주공화제 정부 수립	121
민주공화제의 운용과 발전	132
대한민국 임시정부가 꿈꾼 나라	157
1919년 대한민국 건립	170
대한민국 정부, 임시정부를 계승하다	193

참고글	203
찾아보기	213

여는 글

대한민국은 1948년에 건국되지 않았다

1948년 '건국론'과 '건국절' 주장에는 문제가 많다. 무엇보다도 이는 역사적 사실이 아니다. 대한민국은 1948년에 건국되지 않았다. 대한민국의 역사는 1919년 4월 수립된 대한민국 임시정부에서 시작되었다. 주장의 의도가 불순하다는 점도 큰 문제다. 대한민국 임시정부의 존재를 부정하고 독립운동의 역사를 폄훼하는 것일 뿐만 아니라, 일제에 협력한 친일반민족행위자를 건국의 공로자로 둔갑시키려는 의도가 숨겨져 있다.

1948년 건국론과 건국절을 제정하자는 주장은 그것이 제기될 때부터 거센 반발에 부딪혔다. 역사학자들이 나서서 대한민국은 1948년에 건국된 것이 아니라는 점을 지적했고, 건국절을 제정하려는 시도에 대해서도 강력하게 반대했다. 한국근현대사학회를 비롯하여 많은 역사 관련 학술단체들이 역사적 사실이 아님을 지적하는 성명서를 발표했고, 광복회를 비롯한 독립운동 관련 단체들도 그 의도의 불순함과 부당성을 제기했다.

    이명박 정부의 시도는 결국 좌절되었다. 이를 박근혜 정부에서 다시 추진했다. 그 방법의 하나로 추진된 것이 역사교과서 국정화이다. 기존의 검인정 역사교과서를 좌파적인 것으로 몰아붙이고, 국정 역사교과서를 만들어 대한민국이 1948년에 건국되었다는 내용을 싣고자 했다. 이러한 시도는 역사학계는 물론이고, 일반 국민들의 커다란 반발을 불러일으켰다. 그렇지만 대통령이 2016년 광복절 때 "오늘은 제71주년 광복절이자 건국 68주년을 맞이하는 역사적인 날"이라며 대한민국이 1948년에 건국되었음을 강조했고, 정부와 여당은 국정 역사교과서 발행과 건국절 제정을 온갖 수단과 방법을 동원하여 추진해 나갔다. 역사적 사실도 아닌 1948년 건국론을 권력으로 밀어붙이며 역사를 농단한 것이다.

역사를 공부하는 사람으로서 역사가 농단당하는 것을 보며 침묵하고 있을 수가 없었다. 더욱이 독립운동의 역사를 연구하면서, 대한민국 임시정부의 존재가 부정되고 독립운동사가 평가절하되는 현실을 참아 내기가 어려웠다. 그뿐만 아니라 조국과 민족의 독립을 위해 자신의 모든 것을 희생한 독립운동가들보다 자신의 안일과 명예를 위해 조국과 민족을 배반한 친일반민족행위자들을 더 높게 평가하려는 불순한 의도를 가만히 두고 볼 수 없었다.

그동안 1948년 건국론과 건국절 제정 추진에 대해, 나름대로 문제를 제기해 왔다. 연구논문을 통해 대한민국은 1948년에 건국된 것이 아니라는 점을 비롯하여, 그것이 안고 있는 역사적 모순·왜곡·축소 등의 문제점을 지적했다. 신문·잡지 등에도 적지 않은 글을 썼다. 그렇지만 역사농단은 멈추지 않았다. '대한민국 수립'이라는 꼼수를 부리며, 기어코 국정 역사교과서를 만들어 냈다.

당랑거철螳螂拒轍이지만, 역사농단은 막아야 하고 역사의 정의正義는 바로 세워져야 한다는 생각이다. 이런 생각에서 그동안 학술지에 발표한 글들을 모아 책으로 묶게 되었다. 동일한 주제라는 점 때문에 내용이 중복되는 경우가 적지 않다. 편집하면서 중복된 내용을 정리했지만, 논리적 근거나 내용의 연결을 위해 피할 수 없는 경우도 있다.

이 책을 펴내는 데는 세 가지 의도가 있다. 하나는 1948년 건국론과 건국절이 갖고 하는 역사적 모순과 왜곡, 또 그것이 안고 있는 불순한 의도를 알리기 위해서이다. 둘째는 역사의 정의를 바로 세우고자 함이다. 나라를 빼앗기고 식민지 지배를 경험한 우리 민족의 역사에서 독립운동가들보다 친일반민족행위자들이 더 높게 평가되는 것은 정의롭지 못한 일이다. 셋째는 일반 국민들에게 대한민국이란 국가가 언제 어떻게 세워졌는지를 알리기 위함이다.

이 책은 크게 2부로 구성했다. 1부에서는 1948년 건국론과 건국절이 갖고 있는 역사적 모순과 왜곡의 실상, 그것이 안고 있는 불순한 의도 등에 대해 살펴보고, 그것이 왜 성립될 수 없는지를 밝혔다. 그리고 만일 대한민국이 1948년에 건국되었다고 할 경우, 그것이 대한민국 정부와 우리 후손들에게 끼치게 될 파급영향에 대해 살펴보았다.

「근거도 논리도 없는 건국60년」에서는 1948년 건국론과 '건국절'을 주장하는 데 근거와 논리가 없다는 점을 지적했다. 2008년 이명박 정부가 출범하면서 '건국60년'을 기념하였다. 이를 기념하려면, 최소한 대한민국이 언제, 어떻게 건국되었는지를 밝혀야 한다. 그렇지만 그 논리나 근거를 제대로 밝힌 일이 없다. 근거와 논리로 제시된 것이 있다면, 제헌헌법을 통해 우리 역사에서 처음으로 '국민주권을 선포했다'거나 '민주공화국이 탄생했다', 그리고 '공교롭게도 나라가 환갑을 맞는 해에 이명박 정부가 출범했으니 대대적으로 국민 축제를 하자'는 '환갑론'이었다. 이러한 근거와 논리는 모두 역사적 사실이 아니다. 그뿐만 아니라 이는 역사를 왜곡·축소시키는 것이기도 하다.

「임시정부와 헌법을 부정」에서는 대한민국 임시정부의 존재는 물론이고, 대한민국의 헌법까지 부정하고 있다는 점을 언급했다. 1948년 건국론과 건국절을 합리화하기 위해, 대한민국 임시정부의 존재를 인정하지 않는다. 잘 알려져 있듯이, 대한민국 임시정부는 1919년 4월 11일 중국 상하이에서 수립되었고, 1945년 해방을 맞아 국내로 환국할 때까지 존재하고 있었다. 대한민국 임시정부를 수립한 것도, 이를 유지·운영한 것도 우리 민족이었다. 더욱이 대한민국 임시정부는 대한민국이라는 국가와 이를 유지·운영하기 위한 임시정부를 일컫는 것으로, 대한민국의 역사였다.

1948년 7월 제정한 제헌헌법에도, 1987년 개정된 현행 헌법에도 전문을 통해 대한민국의 역사적 근거를 밝혀 놓았다. '계승·재건·법통성'이라는 용어를 사용하며 대한민국은 대한민국 임시정부를 이었음을 밝혀 놓고 있다. 1948년 건국론과 건국절은 이러한 대한민국의 헌법을 정면으로 부정하는 것이나 다름없다.

「이승만의 업적과 역사의식을 왜곡하는 '건국대통령'」에서는 이승만을 건국대통령이라고 하는 것은 이승만의 업적과 역사의식을 왜곡하는 것이라는 점을 지적했다. 이승만을 1948년에 대한민국을 '건국'한 주역으로 부각시키거나 건국대통령이라고 칭하는 것은 그냥 넘길 수 있는 문제가 아니다. 무엇보다도 역사적 사실이 아니라는 점에서 그렇다. 이승만은 제헌국회에서 '건국'이라는 용어를 사용한 일이 없다. 또한 자신이 대한민국을 건국했다고 발언한 일도 없다.

이승만은 국회의장으로 제헌국회에서 헌법을 제정하고 대한민국 정부를 수립할 때 누구보다도 중요한 역할을 수행했다. 이 과정에서 이승만이 염려한 것이 있었다. 제헌국회에서 새로운 국가와 정부를 수립하게 되면, 그것은 미국이 세워주는 결과가 된다는 점이었다. 이승만은 우리 민족의 자주성을 지키며 자주독립 정부를 세우고자 했고, 이를 위해 1919년에 수립된 대한민국 임시정부를 계승·재건하여 정부를 수립했다.

이러한 이승만의 시도와 노력을 다섯 가지로 정리했다. 우선 국회의장으로 개회사를 하면서 임시정부를 계승·재건하자는 방안을 제시했다는 점, 임시정부와 똑같이 국호를 '대한민국'으로 결정했다는 점, 제헌헌법 전문에 '3·1운동으로 대한민국을 건립'했다는 사실과 '임시정부의 계승·재건'을 명문화했다는 점, 임시정부에서 사용했던 대한민국이란 연호를 그대로 이어서 사용했다는 점, 그리고 '임시정부의 부활'을 자신의 업적으로 강조했다는 점 등이다.

「미국은 '건국'보다 '독립'을 기념」에서는 미국의 예를 살펴보았다. 건국론을 주장한 근거의 하나는 미국은 온 국민이 축제로 건국기념일을 기념하고 있다며, 우리도 '건국절'을 제정하자는 것이었다. 미국의 예를 들어 건국절을 제정하자고 했지만, 미국에는 건국기념일이 없다. 미국인들이 기리고 있는 것은 '독립기념일'이다. 미국은 1776년 7월 4일 영국의 식민지 지배에 대해 독립을 선언하고, 1783년 독립을 쟁취한 후 제헌의회를 통해 헌법을 제정하고, 1789년에 미합중국을 건국했다.

이러한 미국의 역사는 우리의 역사와 같은 과정을 거쳤다. 우리는 1919년 3월 1일 독립을 선언하고, 1945년 독립을 쟁취한 후 1948년 제헌국회에서 헌법을 제정하고 대한민국 정부를 수립했다. 똑같은 과정을 거쳤지만, 미국인들은 '건국'보다 '독립'을 더 중요하게 여긴다. 1789년 미합중국을 건국한 것보다 독립을 선언한 7월 4일을 더 중요시하고, 이날을 국경일4th of July로 기념하고 있다.

「1948년 건국론의 파급영향」에서는 1948년 건국론이 대한민국 정부와 우리 후손들에게 끼칠 파급 영향에 대해 살펴보았다. 우선 우리 스스로 우리 민족의 역사를 왜곡·축소·단절시킨다는 점이다. 실존했던 대한민국 임시정부를 부정함으로써 민족의 역사를 왜곡하고, 98년에 걸친 대한민국의 역사를 69년의 역사로 축소시키며, 일제 식민지 지배 기간을 우리 민족의 역사와 관계없는 것으로 만들어 민족사를 단절시키는 결과가 된다.

우리 민족은 1910년 일제에 나라를 빼앗기고 1945년까지 식민지 지배를 받았지만, 민족의 역사는 단절되지 않았다. 빼앗긴 나라를 되찾기 위해 독립운동을 전개했고, 독립운동 과정에서 대한민국 임시정부를 수립하고 운영하면서 민족의 역사를 발전시켜 왔다. 독립운동의 역사도, 대한민국 임시정부의 역사도 우리 민족의 역사이다.

북한을 이롭게 하는 이적행위이기도 하다. 1948년에 남과 북에 각각 정권이 수립되면서, 가장 크게 대두된 문제는 민족의 정통성이었다. 남과 북은 민족의 정통성이 각기 자신에게 있다며, 상대의 존재를 부정하고 있다. 민족정통성 문제를 해결하는 잣대가 바로 대한민국 임시정부이다. 대한민국은 대한민국 임시정부를, 임시정부는 대한제국을, 대한제국은 조선을 이은 것이라고 하면 정통성은 남한에 있게 되고, 북한은 괴뢰국임이 명확하게 드러난다. 북한에서 대한민국 임시정부의 존재를 극구 부정하는 것은 이 때문이다.

일본이 한반도를 일본의 영토라고 주장하는 빌미를 제공할 우려도 크다. 일본은 자신들이 점유하거나 통치해 보지도 않은 독도를 자기네 영토라고 주장하고 있다. 1905년 시마네현이 독도를 관할로 고지했다는 것이 유일한 근거다. 대한민국이 1948년에 건국되었다고 하면, 또 대한민국 임시정부의 존재를 부정하면, 1910년에서 1945년까지 한반도를 점유하고 통치한 것은 누구였느냐 하는 문제가 대두된다. 이 시기 동안 일본은 조선총독부를 통해 한반도를 점유하여 통치했고, 점유와 통치에 관련된 자료들이 수없이 많다.

「임시정부에서 '건국' 기념 국경일 제정, 건국기원절(개천절)」에서는 '건국절'을 제정하자는 주장과 시도에 대한 문제점을 언급했다. 역사농단의 한 축을 이룬 것은 건국절을 제정하자는 주장과 시도였다. 광복절은 1945년 8월 15일만 기리고 있다며, 1948년 8월 15일을 기리기 위해 광복절을 없애고 새롭게 건국절을 제정하자는 주장이 대두되었다. 그뿐만 아니라 국회의원들이 나서서 건국절 제정을 추진하기도 했다.

문제점을 두 가지로 지적했다. 하나는 임시정부에서 1920년에 건국을 기념하는 국경일로 건국기원절(개천절)을 제정하였고, 임시정부는 매년 이를 기념하는 행사를 개최하고 있었음을 밝혔다. 임시정부에서 제정한 국경일은 독립선언일(3월 1일)과 건국기원절(음력 10월 3일) 두 가지였다. 건국기원절은 개천절이라고도 했다. 이는 단군이 나라를 세운 것을 기념하기 위한 것이었고, 우리 민족은 이미 5,000년 전에 국가를 세워 조직적 정치생활을 해 왔다는 것을 세계만방에 알리기 위한 의도도 있었다.

다른 하나는 대한민국 정부는 임시정부에서 제정한 건국기원절(개천절)을 그대로 이어받아 국경일로 정하였다는 것, 광복절은 1945년의 해방과 1948년의 정부 수립을 동시에 기념하는 국경일이라는 점을 밝혔다. 대한민국 정부는 1949년 10월 1일 3·1절, 제헌절, 광복절, 개천절을 국경일로 제정 공포했다. 이중 3·1절과 개천절은 임시정부의 국경일을 그대로 이은 것이고, 제헌절과 광복절은 새로 제정한 것이다. 광복절은 처음에는 '독립기념일'이라는 명칭으로 제정되었다. 그런데 이것이 1945년 8월 15일을 기리는 것인지, 1948년 8월 15일을 기리자고 하는 것인지가 불분명했다. 이에 두 가지를 다 포함할 수 있는 용어로 고안한 것이 광복이었고, 독립기념일이란 명칭을 광복절로 바꾸어 공포했다.

2부에서는 대한민국이란 국가는 언제 세워진 것인가를 밝히고자 했다. 우리 역사에서 대한민국이란 국가는 1919년과 1948년 두 번에 걸쳐 세워졌다. 그렇다면 대한민국은 언제 세워진 것으로 볼 것이냐 하는 문제가 있다. 이는 어렵지 않다. 1919년과 1948년에 세워진 대한민국이 어떤 관계인가를 밝히면 해결된다.

「1919년에 국민주권·민주공화제 정부 수립」에서는 우리 민족의 역사에서 국민이 주권을 갖게 된 것, 민주공화제 정부를 수립한 것이 언제인가를 살펴보았다. 1948년 건국론을 주장하는 주요 근거의 하나는 '국민주권'과 '민주공화제'이고, 이는 제헌헌법을 통해 이루어졌다고 한다. 이는 역사적 사실이 아니다. 우리 역사에서 국민주권과 민주공화제를 처음으로 채택한 것은 1919년 4월 11일 수립된 대한민국 임시정부였다는 사실을 밝혔다.

「민주공화제의 운용과 발전」에서는 대한민국 임시정부가 민주공화제 정부로 유지·운용되었다는 사실을 언급했다. 임시정부는 헌법을 제정하고 이를 기초로 운영되었다는 사실을 비롯하여, 정부의 지도체제도 국무총리제·대통령제·국무령제·국무위원제·주석제 등을 경험하였고, 현재 국회와 같은 임시의정원을 통해 정부를 유지·운영하면서 의회정치와 민주주의를 발전시켰음을 밝혔다.

「대한민국 임시정부가 꿈꾼 나라」에서는 임시정부가 광복 후 어떤 나라를 세우려고 하였는가에 대해 살펴보았다. 임시정부는 1941년 11월 광복 후 민족국가 건설에 대한 구체적인 계획을 「대한민국건국강령」이란 이름으로 공포했다. 건국강령은 그동안 민주공화제 정부를 유지·운영해 오면서 쌓았던 경험을 통해 더 나은 민주주의 국가를 건설하겠다는 포부였다. 핵심은 정치·경제·교육의 균등을 기반으로 균등사회를 실현하여 민족 구성원 최대다수의 행복을 도모하는 국가를 세운다는 것이고, 자본주의와 사회주의가 갖고 있는 결점을 보완하여 그보다 더 발전된 '신민주국'을 세운다는 포부를 담고 있다.

「1919년 대한민국 건립」에서는 대한민국이란 국가는 1919년에 건립되었음을 밝혔다. 1910년 8월 대한제국이 멸망한 이후 우리 민족은 1919년 4월 중국 상하이에서 국호를 대한민국으로 결정하고 임시정부를 수립했다. 3·1독립선언서를 통해 '독립국'임을 선언한 직후 그 독립국으로 세운 것이 대한민국이었고, 대한민국이란 국가를 운영하기 위해 수립한 것이 임시정부였다.

「대한민국 정부, 임시정부를 계승하다」에서는 1948년 8월 수립된 대한민국 정부는 새로 세운 것이 아니라 임시정부를 계승·재건한 것임을 밝혔다. 제헌국회에서 대한민국 정부를 수립하였지만, 새로이 국가를 세우거나 정부를 수립한다고 한 일이 없다. 국회의장 이승만은 개회사를 통해 임시정부를 계승·재건하자고 했다. 국호도 임시정부와 똑같이 대한민국으로 결정했고, 제헌헌법 전문에 '기미삼일운동으로 대한민국을 건립'했다고 하면서 임시정부를 계승·재건한 것임을 밝혀 놓았으며, 연호도 임시정부에서 사용한 '대한민국'을 그대로 이어서 사용했다는 점 등을 그 근거로 제시했다.

1948년 건국론은
역사농단이다

'1948년 건국론'이란 대한민국이 1948년에 건국되었다는 주장을 말한다. 이러한 주장이 제기된 것은 2008년 이명박 정부가 출범할 때였다. 이명박 정부는 2008년이 대한민국 건국60주년이 되는 해라며, 건국60년기념사업추진위원회를 조직하고 그것을 기념하는 각종 기념사업을 추진했다. 이를 통해 1948년 건국론이 크게 확산되었다.

건국60년을 기념하는 사업은 기념행사에만 그치지 않았다. 광복절을 건국절로 바꾸려는 시도도 이루어졌다. 주된 이유는 "광복절은 1945년 8월 15일 일제의 식민지 지배로부터 벗어난 광복만을 기념하는 것이므로, 광복보다 건국을 더 중요시해야 한다"는 것이었다. 대한민국이 건국된 1948년 8월 15일을 기념해야 하고, 이를 위해 광복절을 '건국절'로 바꾸자고 한 것이다.

건국60년과 건국절 주장은 제기되면서부터 커다란 문제로 대두되었다. 역사학자들이 나서서 대한민국은 1948년에 건국된 것이 아니라며 '건국60년'에 대한 부당성을 제기했고, '건국절'을 제정하려는 시도에 대해서도 강력하게 반발하고 나섰다. 그뿐만 아니라 광복회를 비롯한 독립운동 관련 단체들과 국민들도 건국60년은 역사적 사실이 아니라는 점과 '건국절' 제정은 부당하다며 반대운동을 전개했다.

건국60년과 건국절 문제가 반대에 부딪힌 데는 이유가 있다. 그 이유를 크게 여섯 가지로 정리해 보려고 한다. 무엇보다도 건국60년을 주장하고 추진하는 데 있어 근거와 논리가 제대로 없다는 점, 대한민국 임시정부의 존재를 인정하지 않는다는 점, 대한민국의 헌법을 부정한다는 점, 이승만을 건국대통령이라고 칭하며 그의 업적과 역사의식까지 왜곡하고 있다는 점, 미국의 경우를 예로 들고 있지만 정작 미국은 건국보다 독립을 중요시하고 있다는 점, 건국절을 제정하자고 하지만 우리는 이미 건국을 기념하는 국경일(개천절)이 있으며 이는 임시정부에서 제정하였다는 점 등이다.

근거도 논리도 없는 건국60년

지난 2008년 이명박 정부는 대한민국이 건국된 지 60년이 되는 해라며, 건국60년을 기념하는 각종 사업을 벌였다. 그렇지만 2008년이 왜 건국60년이 되는지 근거도 없고 논리도 없었다. 건국60년을 기념하기 위해서는 최소한 우리 역사에서 '대한민국'이란 국가는 언제, 어떻게 수립되었으며, 국민이 주권을 갖게 된 것은 언제이고, 민주공화제는 언제, 어떻게 받아들였는지 등에 대한 논의나 검토가 있어야 한다. 그러나 건국60년을 기념하는 사업으로 각종 강연회와 학술회의를 개최하고, 그 성과로 『대한민국 건국60년의 재인식』이란 책자를 발간했지만, 어디에서도 이러한 논의를 찾아볼 수 없었다.

'건국60년'은 그 근거나 논리가 제대로 정립되어 있지 않다. 학술적으로 정립해 놓은 성과도 없다. 또 이를 기념하기 위해 방대한 두 개의 조직을 발족하여 각종 기념사업을 추진하고 있지만, 명확한 설명이 없다. 그 근거와 논리라고 할 수 있는 것은 일부 신문에 발표된 글, 그리고 기념사업을 추진하는 과정에서 단편적으로 언급된 내용들이 전부라고 할 정도다. 건국60년의 근거와 논리는 크게 네 가지로 볼 수 있다.

국민주권과 신체의 자유

첫째는 우리 역사에서 처음으로 '국민주권'을 선포하고 '신체의 자유'를 보장한 것이 제헌헌법이라며, 1945년의 광복보다는 1948년의 제헌이 더 중요하다는 논리이다. 이는 기념사업이 추진되기 2년 전인 2006년에 건국절을 만들자며 신문에 기고한 글에 들어 있다. 글쓴이는 하버드대학교에 갔다가 보스턴에서 미국의 건국기념일 행사를 보고 큰 자극을 받았다며, 우리도 미국과 같이 건국절을 만들자고 주장했다.

> 나에게 1945년의 광복과 1948년의 제헌, 둘 중에서 어느 쪽이 중요한가라고 물으면 단연코 후자이다. 대한민국의 헌법은 우리 2000년의 국가 역사에서 처음으로 '국민주권'을 선포했고, 국민 모두의 '신체의 자유'를 보장했다. 제헌, 그것의 거대한 문명사적 의의는 아무리 강조해도 지나치지 않는다. 반면 1945년 8월의 광복에 나는 그리 흥분하지 않는

다. 당대를 살았던 사람들에게 그 감격이야 어찌 말로 다 표현할 수 있으랴. 그렇지만 후대에 태어난 사람의 입장이 같을 수는 없다.

광복은 우리 힘으로 이루어지지 않았다. 광복은 일제가 무리하게 제국의 판도를 확장하다가 미국과 충돌하여 미국에 의해 제국이 깨어지는 통에 이루어진 것이다. 또한 광복을 맞았다고 하나 어떠한 모양새의 근대국가를 세울지, 그에 대한 준비가 되어 있지 않았다. … 그러니까 진정한 의미의 빛은 1948년 8월 건국 그날에 찾아왔다. 우리도 그날에 국민 모두가 춤추고 노래하는 건국절을 만들자.

몇 년 전 미국 보스턴의 하버드에 들른 그날은 우연히도 미국의 건국기념일이었다. 저녁이 되자 찰스 강 양쪽 강변에 사람들이 구름처럼 모였다. 강에는 수많은 요트가 떠다녔으며, 커다란 배 위에는 보스턴이 자랑하는 오케스트라가 펼쳐졌다. 국가가 울려 퍼지자 얼굴색을 달리하는 수많은 사람이 그렇게도 기꺼이 환호작약했다. 그리고선 갖가지로 도안된 폭죽이 보스턴의 밤하늘을 끝도 없이 수놓았다. 그렇게 남의 나라의 건국절을 넋 놓고 구경하던 내 입에서 무심코 새어나온 말이다. 우리에게도 한강이 있지 않은가.

내후년이면 대한민국이 새 갑자를 맞는다. 그해에 들어서는 새 정부는 아무쪼록 대한민국의 60년 건국사를 존중하는 인사들로 채워지면 좋겠다. 그해부터 지난 60년간의 '광복절'을 미래지향적인 '건국절'로 바꾸자. 그날에 전 국민이 보는 가운데 한강에 배를 띄우고 선상 오케스트라로 하여금 애국가를 연주하게 하자. 잠실에서 노들길까지 드넓은

강변은 건국을 제 생일처럼 기뻐하는 국민으로 가득 채워지리라. 그러고 함께 대한민국을 노래하고 춤추자.[1]

길게 인용한 데는 두 가지 이유가 있다. 하나는 2006년에 작성된 이 글에서 주장한 것이 2008년에 결국 현실화되었다는 점이고, 다른 하나는 건국60년을 기념하고 건국절을 제정해야 한다는 근거나 논리가 대체로 이 글의 범주를 벗어나지 않고 있다는 점이다. 더욱이 이 글을 쓴 이는 건국60년 기념사업에 깊게 관여하기도 했다.

문제는 이 글이 대학교수가 쓴 글이라 믿기 어려울 정도로 민망한 수준이라는 점이다. 논리가 허술할 뿐만 아니라 근거로 든 내용도 모두 역사적 사실이 아니다. 보스턴에서 미국의 건국기념일 행사를 보았다고 했지만, 미국에는 건국기념일 행사가 없다. 미국은 1789년 4월 30일에 미합중국을 건국했지만, 이보다는 영국에 대해 독립을 선언한 1776년 7월 4일을 기념하고 있다. 그가 보스턴에서 본 것은 건국기념일이 아니라 독립기념일 행사였다.

제헌헌법이 우리 역사에서 처음으로 '국민주권'을 선포했다거나 '신체의 자유'를 보장했다는 것, 그리고 '임시정부는 어떠한 모양새의 근대국가를 세울지에 대한 준비가 되어 있지 않았다'는 것 또한 모두 역사적 사실이 아니다.

우리 역사에서 처음으로 국민주권을 선포한 것은 제헌헌법이 아니다. 1919년 4월 11일 대한민국 임시정부가 수립되면서 국민이 주

大韓民國臨時憲章

第一條 大韓民國은民主共和制로함

第二條 大韓民國은臨時政府가臨時議政院의決議에依하야此를統治함

第三條 大韓民國의人民은男女貴賤及貧富의階級이無하고一切平等임

第四條 大韓民國의人民은信敎·言論·著作·出版·結社·集會·信書·住所·移轉·身體及所有의自由를享有함

第五條 大韓民國의人民으로公民資格이有한者는選擧權及被選擧權이有함

第六條 大韓民國의人民은敎育納稅及兵役의義務가有함

第七條 大韓民國은神의意思에依하야建國한精神을世界에發揮하며進하야人類의文化及平和에貢獻하기爲하야國際聯盟에加入함

第八條 大韓民國은舊皇室을優待함

第九條 生命刑身體刑及公娼制를全廢함

第十條 臨時政府는國土恢復後滿一個年內에國會를召集함

大韓民國元年四月　日

臨時議政院議長　李東寧
臨時政府國務總理　李承晩
內務總長　安昌浩
外務總長　金奎植
法務總長　李始榮
財務總長　崔在亨
軍務總長　李東暉
交通總長　文昌範

1919년 4월 11일 공포한 「대한민국임시헌장」
제1조에 "대한민국은 민주공화제로 함"이라 하였고, 제4조에 신교·언론·저작·출판·결사·집회·신서·주소 이전·신체·소유의 자유를 밝혀 놓았다.

1948년 건국론은 역사농단이다

권을 갖게 되었다. 임시정부는 수립 당시 헌법으로 「대한민국임시헌장」을 제정 공포했는데, 그 제1조에 "대한민국은 민주공화제로 함"이라고 명시되어 있다.[2] 임시정부가 수립되면서 우리 정치체제가 전제군주제에서 민주공화제로 바뀌었고, 그동안 군주가 행사했던 국가의 주권은 국민이 행사하게 된 것이다. 임시정부는 이를 개정하여 1919년 9월 11일 「대한민국임시헌법」을 공포하면서, 제2조에 "대한민국大韓民國의 주권主權은 대한인민大韓人民 전체全體에 재在함"이라고 하여,[3] 대한민국의 주권은 국민에게 있음을 명확하게 밝혀 놓았다.

'신체의 자유'도 이미 임시정부에서 제정한 헌법에 보장된 내용이다. 임시정부 수립 당시 공포한 「대한민국임시헌장」에 남녀평등과 함께 인민의 자유(종교·언론·저작·출판·결사·집회·주소 이전·신체·소유), 권리(선거권·피선거권), 의무(교육·납세·병역) 등을 규정해 놓았다. 또한 1919년 9월 11일에 공포한 「대한민국임시헌법」에는 신체의 자유는 물론이고, 거주·언론·출판·저작·신앙·집회·시위·통신 등을 비롯하여 청정권·선거권·피선거권·노동권·휴식권·피구제권·피보험권 등 국민의 권리에 대해서도 상세한 내용까지 언급해 두었다.[4]

독립운동 과정에서 광복 후 건설할 민족국가에 대한 구상도 구체적으로 마련했다. 독립운동의 궁극적 목표는 빼앗긴 국토와 주권을 되찾아 민족국가를 건설하는 것이었고, 독립운동을 전개하던 단체나 정당에서는 그것을 강령綱領으로 마련해 놓고 있었다. 임시정부가 1941년 11월에 발표한 「대한민국건국강령」이 대표적인 예다.

임시정부는 건국강령을 통해 광복 후 어떠한 민족국가를 건설하겠다는 목표를 제시했다. 목표는 민족 구성원 최대 다수의 행복을 실현할 수 있는 국가, 국민 전체가 균등생활을 향유할 수 있는 균등사회를 건설한다는 것이었다. 그리고 이러한 목표를 실현하기 위한 방안도 정치·경제·교육 세 방면으로 나누어 구체적이고 세부적인 내용까지 마련해 놓았다.[5]

이렇듯 몇 가지만 확인해 보아도 앞의 글이 가지고 있는 문제점이 확연히 드러난다. 근거로 들고 있는 것이 모두 역사적 사실이 아니다. 역사적 사실이 아닌 것을 근거로 2008년이 건국60년이라는 주장을 펴고, 광복절을 건국절로 만들자고 주장하는 것이다. 더욱 문제가 되는 것은 이후 건국60년과 건국절을 주장하는 논리가 대개 이러한 수준을 넘지 못하고 있다는 사실이다.

환갑론

둘째는 '환갑론'이다. 건국60년을 기념하기 위한 건국60년기념사업위원회가 정식으로 발족하기 직전 2008년이 대한민국 탄생 60주년임을 주장하는 글이 신문에 실렸다. 글쓴이는 "대한민국의 국호는 대한민국 임시정부에서 왔다"거나 "대한민국은 대한제국의 국호에서 제국을 민국으로, 군주주권에서 국민주권으로 바꾼 것이다" "대한제국과

> 第一編 大韓民國臨時憲法
>
> 我大韓人民은 我國이 獨立國임과 我民族이 自由民임을 宣言하엿도다 此로써 世界萬邦에 告하야 人類平等의 大義를 克明하엿스며 此로써 子孫萬代에 誥하야 民族自存의 正權을 永有케 하엿도다 半萬年 歷史의 權威를 仗하야 二千萬民衆의 誠忠을 合하야 民族의 恒久如一한 自由發展을 爲하야 組織된 大韓民國의 人民을 代表한 臨時議政院은 民意를 體하야 元年 四月 十一日에 發布한 十個條의 臨時憲章을 基本삼아 本臨時憲法을 制定하야써 公理를 彰明하며 公益을 增進하며 國防及 內治를 籌備하며 政府의 基礎를 鞏固하는 保障이 되게 하노라
>
> 第一章 綱領
>
> 第一條 大韓民國은 大韓人民으로 組織함
> 第二條 大韓民國의 主權은 大韓人民全體에 在함
> 第三條 大韓民國의 疆土는 舊韓帝國의 版圖로 定함
> 第四條 大韓民國의 人民은 一切 平等임
>
> 大韓民國臨時憲法
>
> 一

1919년 9월 11일 개정 공포한 「대한민국임시헌법」
제2조에 "대한민국의 주권은 국민에게 있다"는 것을 밝혀 놓았다.

일제강점기 임시정부를 제대로 평가하지 않으면 대한민국의 정통성에 금이 간다"는 내용을 언급하면서도, 2008년이 대한민국 탄생 60주년 이라고 주장한다.

> 올해는 대한민국이 탄생한 지 60주년이 되는 해이다. … 동양사회에서 환갑은 각별한 의미를 갖는다. 사람에게 있어 환갑은 축하할 일로 잔치를 크게 벌이는 경사이다. 또한 자신의 인생을 총결산하고 앞으로의 인생을 점검해 보는 전환점이다. 나라에 있어서도 환갑은 같은 의미라고 생각한다. 이런 경사스런 해에 공교롭게도 이명박 정부가 출범했다. 국제환경은 세계화이다. 이같은 세계화 시대에 실용주의로 무장하고 … 올해는 대대적인 국민 축제로 나라의 환갑날을 맞으면 싶다.[6]

글쓴이는 '건국'이라는 용어는 사용하지 않았다. '탄생'이라는 표현을 써서 2008년이 대한민국 탄생 60주년이 된다고 했다. 그렇지만 그 근거에 대한 설명이 없다. 언제 어떻게 태어났는지에 대한 설명도 없이, 탄생 60년이 되는 해라며 '환갑'이라 표현하고 있다. 그리고 환갑이란 사람이나 나라에 있어 축하할 일인데, 공교롭게도 나라가 환갑을 맞는 해에 이명박 정부가 출범했으니 대대적으로 국민 축제를 하자고 한다. 이러한 환갑론은 이후 건국60년기념사업을 추진하는 데 주요 논리처럼 사용되고 있다.

정부와 더불어 민간단체인 건국60년기념사업추진위원회도 마찬

가지다. 이 위원회는 지난 7월 23일 '민주공화국의 탄생'이란 대주제로 건국60년을 기념하는 국제학술회의를 이틀에 걸쳐 개최했다. 모두 17개의 주제가 발표되었지만, 대한민국이란 국가가 언제 어떻게 세워졌는지, 또 2008년이 왜 건국60년이 되어야 하는지에 대한 논리가 없다. 논리라고 하면, '초청의 말씀'에서 찾아볼 수 있다.

> 2008년 8월 15일 대한민국은 건국을 선포한 지 60주년을 맞습니다. 그것은 비단 대한민국 국민뿐만 아니라 민주주의의 발전에 대해 기대와 관심을 갖는 사람이면 누구나 다 크게 경축하고 기념해야 할 일입니다. 제2차 세계대전 이후 미소 간 양극대치의 틈바귀에서 새로 출범한 나라로서 민주화와 경제발전에 모두 성공하고 선진국의 반열에 들어선 유일한 사례가 대한민국이기 때문입니다. 더구나 동아시아의 문화전통에서 60주년은 특별한 의미를 갖습니다. 환갑이란 삶의 한 바퀴가 완성되고 희망찬 새로운 한 주기가 시작됨을 의미합니다. 하지만 그동안 많은 사람들은 8·15 하면 '광복절'로 받아들였지 '건국기념일'임을 생각하지 못했고, 건국의 의미가 무엇인가에 관해서는 큰 관심을 가져오지 않았습니다.[7]

첫 문장부터 문제가 있다. 1948년 8월 15일에 대한민국 건국을 선포했고, 2008년이 건국60년이 된다는 것이다. 이는 역사적 사실이 아니다. 1948년 8월 15일에 선포한 것은 '대한민국 건국'이 아니라, '대한

1948년 8월 15일 대한민국 정부 수립 기념식
현수막에 '대한민국 정부 수립 국민축하식'이라고 쓰여 있다.
'건국'이란 용어를 사용하지 않았다.

1948년 건국론은 역사농단이다

민국 정부 수립'이었다. 당시 '건국'이란 용어를 사용한 일이 없고, 정부 수립 선포식장에 내건 현수막에도 '대한민국 정부 수립 국민축하식'이라고 적혀 있다. 생일이 언제인지는 따져 보지도 않고, 환갑이라며 환갑잔치를 벌이자는 식이나 다름없다.

민주공화국의 탄생

셋째는 민주공화국의 탄생이라는 논리다. 건국60년기념사업추진위원회가 2008년 7월 23~24일 이틀에 걸쳐 건국60년을 기념하는 국제학술회의를 개최했다. 그때 국제학술회의 대주제로 내건 것이 '민주공화국의 탄생'이었다. 건국60년의 근거를 민주공화국에서 찾고, 우리 역사에서 처음으로 1948년에 민주공화국인 대한민국을 건국했다는 것이 핵심 내용이다.

    이는 역사적 사실이 아니다. 우리 역사에서 처음으로 민주공화제 정부로 수립되어 민주공화국임을 천명한 것은 대한민국 임시정부이다. 1919년 4월 임시정부가 수립 당시에 제정한 「대한민국임시헌장」 제1조는 "대한민국은 민주공화제로 함"이다.[8] 이후 임시정부는 5차례에 걸쳐 헌법을 개정했는데, 1925년 4월 개정한 「대한민국임시헌법」과 1944년 4월에 개정한 「대한민국임시헌장」의 제1조도 모두 "대한민국은 민주공화국임"이다.[9] 우리 역사에서 민주공화국이 처음 탄생

1925년 4월 개정 공포한 「대한민국임시헌법」 제1조는 "대한민국은 민주공화국임"이다.

1944년 4월 22일 개정 공포한 「대한민국임시헌장」 제1조는 "대한민국은 민주공화국임"이다.

1948년 건국론은 역사농단이다

한 것은 1948년이 아니다. 이미 대한민국 임시정부가 헌법을 통해 민주공화국임을 선포했던 것이다.

　민주공화국 탄생을 건국60년의 근거로 들고 학술회의를 개최했지만, 문제가 없지 않다. 학술회의에서 민주공화국이 언제 성립되었는지를 밝히려는 의도가 없다는 점이다. '민주공화국의 탄생'이란 대주제를 내걸고 이틀에 걸쳐 17개의 주제를 발표했지만,[10] 민주공화국이 언제 어떻게 탄생되었는지에 대한 주제가 없다.

민주화와 경제 발전

넷째는 민주화를 이룩하고 세계 10위권의 경제대국으로 발전한 것은 대한민국을 건국했기 때문이라는 논리다. 이는 건국60년을 주장하는 주요 논거로 애용되고 있으며, 학술회의를 비롯하여 강연회에서 가장 자주 언급되고 있다. 민주화와 경제발전을 이룬 결과를 놓고, 그 결과를 만든 것이 대한민국의 건국이라며 이를 기념해야 한다는 것이다.

　한 가지만 비유를 들어 본다. 정주영 회장이 현대를 설립하고, 이를 세계적 기업으로 성장시켰다. 현대가 세계적 기업으로 성장 발전할 수 있었던 것은 정주영이란 인물이 있었기에 가능한 일이었다. 정주영은 1915년 강원도 통천에서 출생했고, 1946년에 현대자동차공업사를 설립했다.[11] 이것이 현대그룹으로 발전한 것이다.

그렇다면 정주영의 출생을 언제로 보아야 하는가? '건국60년'의 논리대로라면, 정주영의 출생은 현대자동차공업사를 설립한 1946년으로 보아야 한다. 1915년에 태어나 고향에서 가출하여 현대자동차공업사를 설립하기까지 정주영의 삶은 그의 역사로 보지 않아야 한다는 말이다.

이러한 몇 가지 사례를 통해 건국60년기념사업추진위원회가 2008년을 건국60년으로 보는 근거와 논리를 짐작할 수 있다. 하나는 국제학술회의 대주제로 내건 '민주공화국의 탄생'에서 짐작할 수 있듯이, 우리 역사에서 '1948년의 대한민국이 최초의 민주공화국으로 탄생되었다'는 데 있는 것 같다. 다른 하나는 '민주화와 경제발전에 성공하여 선진국 반열에 들어선 것'은 대한민국을 건국했기 때문이라는 것이고, 그것이 2008년을 건국60년으로 보는 논리라고 하겠다.

임시정부와 헌법을 부정

대한민국 임시정부를 부정

1948년 건국론과 건국절 주장은 대한민국 임시정부의 존재와 그 역사를 부정하고 있다. 대한민국 임시정부는 우리 역사에서 처음으로 국호를 대한민국으로 하여 수립된 정부이다. 대한민국의 역사를 언급하려면, 더욱이 대한민국 역사의 기원을 따지려면, 임시정부에 대한 논의나 검토가 우선 이루어져야 한다. 그러나 건국60년을 주장하거나, 또 이를 기념하는 각종 학술회의와 강연회를 개최하면서도 임시정부의 존재와 역사에 대해서는 거의 언급하지 않고 있다.

 대한민국 임시정부는 엄연히 실존했던 우리 역사의 한 부분이다. 1919년 3월 1일 독립선언을 통해 "오등吾等은 자茲에 아我 조선朝鮮의 독립국獨立國임"을 선포한 후, 그해 4월 11일 중국 상하이에서 국호를

'대한민국'으로 결정하고 임시정부를 수립했다.[12] 이후 임시정부는 정부로서의 조직과 체제를 유지·운영하면서, 1945년 해방 때까지 27년 동안 중국에서 활동했다. 1948년 대한민국 정부의 대통령으로 선출된 이승만도 임시정부에서 활동한 인물이었다. 이승만은 1919년 9월 11일 임시정부의 초대 대통령으로 선출되어, 1925년 3월 탄핵당할 때까지 6년여 동안 활동한 적이 있었다.[13]

현 대한민국 정부와 국민들은 이러한 임시정부의 존재와 역사를 기억하며 이를 기리고 있다. 헌법에 대한민국은 "임시정부를 계승·재건"한 것이라거나 "임시정부의 법통을 계승"했음을 밝히고 있고, 정부에서는 '대한민국 임시정부 수립기념일'을 정해 놓고 매년 기념행사를 거행한다. 또 임시정부에 대해 수많은 연구들이 이루어졌을 뿐만 아니라, 국가기관인 국가보훈처에서 수립 80주년을 기념하여 『대한민국임시정부 수립80주년기념논문집』을 발행하기도 했고,[14] 국사편찬위원회에서는 5년 동안 총 50권을 발행한다는 계획으로 임시정부 관련 자료들을 수집·정리하여 발간하는 사업을 추진하고 있다.[15]

임시정부는 분명히 우리 역사의 한 부분이고, 국가 차원에서도 임시정부의 존재와 그 역사를 기념하고 있다. 그렇지만 건국60년을 주장하거나 이에 동조하는 인사들은 임시정부의 존재와 역사를 언급하지 않는다. 언급하지 않을 뿐만 아니라, 어떤 이들은 아예 임시정부의 존재를 부정하거나 인정할 수 없다고도 한다. 그러한 몇 가지 사례를 들어 본다.

상하이의 임시정부 청사

충칭의 임시정부 청사

충칭의 청사 정문과 경비병

1948년 건국론은 역사농단이다

하나는 임시정부의 존재 자체를 부정하는 경우로, 1948년 대한민국이 세워지기 전까지 35년 동안 우리나라에는 나라가 없었다고 한다.

> 올해는 대한민국이 건국한 지 60년이 되는 뜻깊은 해입니다. 저는 나라가 있다는 것을 당연한 것으로 알고 자란 세대이지만, 1948년 대한민국이라는 나라가 세워지기 전까지 약 35년간 우리나라에는 우리나라가 없었습니다. 이런 점에서라도 1948년 8월 15일 건국에는 대단히 큰 의미가 있습니다. 그런데 대한민국은 건국을 기념하는 국경일이 없는 아주 희한한 나라입니다. 8·15는 광복절이면서 동시에 건국일로서 국민적 기념의 대상이 되어야 합니다.[16]

이는 성신여자대학교에서 매주 한 차례씩 진행한 '건국60년 기념 강의'에서 강연한 내용이다. 강사는 1948년 8월 15일을 대한민국의 '건국일'로 강조하려고 한 말이라고 생각되지만, "1948년 대한민국이 세워지기까지 35년간 우리나라에는 나라가 없었다"는 언급은 문제 삼지 않을 수 없다. 이는 임시정부의 존재를 부정하고 인정하지 않는 것이다. 이것이 건국60년론자들이 가지고 있는 일반적 역사인식이라고 할 수 있다. 이들은 1948년의 건국을 강조하기 위해 임시정부의 존재를 부정하거나 언급조차 하지 않는다.

둘째는 임시정부를 국가로 인정할 수 없다는 것이다. 그 이유는 임시정부가 국가의 기본요소인 영토·주권·국민에 관한 사항을 갖추지 못했고, 국가 탄생의 필수요소인 군대·입법·의회·행정기관을 설립하지 못했기 때문이라고 한다.

    1919년은 대한민국 임시정부를 수립한 정통성 차원(즉 법통을 잇는)의 제기로 그 타당성이 전혀 없는 것은 아니나 국가의 기본 요소인 영토·주권·국민에 관한 사항이 갖추어져 있지 않아, 즉 조국을 빼앗기고 망국의 설움 속에서 독립을 위해 만든 대한민국 임시정부이므로 1919년을 기준으로 대한민국이 탄생했다고는 볼 수 없습니다. 더불어 근대사회 이후 국가 탄생의 필수요소로 군대·입법·의회·행정기관의 설립이 필수적입니다. 1948년 8월 15일은 정부 수립일이자 앞서 말씀드린 군대·입법·의회를 만들고 정부 수립을 통해 국가를 탄생시킨 국가기념일이기도 합니다.

이는 건국60년기념사업추진위원회가 홈페이지에 올린 글에 있는 내용이다. 건국60년이라는 데 대해 국민들의 의문과 비판이 쏟아지자, 건국60년기념사업추진위원회는 답변 형식으로 홈페이지에 「건국에 관한 올바른 이해를 위해 참고자료를 올립니다」라는 제목의 글을 올려 놓았다. 임시정부는 영토·주권·국민, 그리고 군대·입법·의회·행정기관을 갖추지 못했기 때문에 국가로 인정할 수 없다는 내용이다.
    그러나 이 답변은 모두 역사적 사실이 아니다. 국민을 속이는 거

1940년 9월 17일 한국광복군 총사령부 창설 기념사진
한국광복군은 대한민국 임시정부의 국군으로 창설되었다.

짓말이나 다름없다. 임시정부는 한국광복군이라는 군대를 갖고 있었다. 또 임시의정원이라는 의회가 있었고, 이를 통해 법안을 심의·의결하는 입법 활동을 했다. 그리고 내무부·외무부·군무부·법무부·재무부·선전부·문화부 등의 행정기관을 갖추었으며, 대통령·국무령·주석 등의 명칭을 사용한 정부의 수반이 있었다. 이러한 사실은 그동안 임시정부에 대한 연구를 통해 모두 밝혀져 있다.

임시정부가 국민·주권·영토의 요소를 갖추지 못했다는 주장 역시 사실과 다르다. 임시정부는 헌법을 통해 그 요소를 모두 갖추어 놓았다. 1919년 9월 11일 제정 공포한 「대한민국임시헌법」에서는 국민·주권·영토에 대해 다음과 같이 규정해 놓았다.

　　제1조　대한민국은 대한인민으로 조직함
　　제2조　대한민국의 주권은 대한인민 전체에 재함
　　제3조　대한민국의 강토는 구한제국의 판도로 정함[17]

임시정부는 헌법을 통해 국민·주권·영토, 즉 국가구성의 3요소를 규정하고 있었다. 혹자는 임시정부가 헌법에 영토를 '대한제국의 영토'로 규정했지만, 중국에 위치하고 있어서 실효적으로 영토를 지배하지 못했기 때문에, 국가로 인정할 수 없다고도 한다.

이는 매우 위험한 생각이 아닐 수 없다. 이러한 논리대로 한다면, 현재의 대한민국도 국가로 인정하지 못한다는 결과가 될 수 있기 때

第一編 大韓民國臨時憲法

我大韓人民은我國이獨立國임과我民族이自由民임을宣言하얏도다此로써世界萬邦에告하야人類平等의大義를克明하얏스며此를子孫萬代에誥하야民族自存의正權을永有케하얏도다

半萬年歷史의權威를仗하야二千萬民衆의誠忠을合하야民族의恒久如一한自由發展을爲하야組織된大韓民國의人民을代表한臨時議政院은民意를體하야元年四月十一日에發布한十個條의臨時憲章을基本삼아本臨時憲法을制定하야써公理를彰明하며公益을增進하며國防及內治를籌備하며政府의基礎를鞏固하는保障이되게하노라

第一章 綱領

第一條 大韓民國은大韓人民으로組織함
第二條 大韓民國의主權은大韓人民全體에在함
第三條 大韓民國의疆土는舊韓帝國의版圖로定함
第四條 大韓民國의人民은一切平等임

大韓民國臨時憲法

1919년 9월 11일 제정 공포한「대한민국임시헌법」
제1조·제2조·제3조에 국가 구성의 3요소인
국민·주권·영토에 대해 규정해 놓았다.

문이다. 현 대한민국은 헌법에 그 영토를 "한반도와 그 부속도서로 한다"고 규정해 놓았다. 한반도라고 하면 38선 이북의 북한 지역도 포함된다. 그렇지만 대한민국은 38선 이북 지역을 실효적으로 지배하고 있지 못하다. 임시정부가 헌법에 규정된 영토를 실효적으로 지배하지 못했다는 이유로 인정할 수 없다는 논리라면, 대한민국은 국가로 인정받을 수 없는 결과가 된다.

셋째는 임시정부의 존재를 인정하고, 또 대한민국이 임시정부를 계승했다고 인정하면서, 건국60년을 주장하는 경우가 있다. 건국60년 기념사업추진위원회가 주최한 학술회의에서 발표된 「대한민국과 임시정부의 관계」라는 글이 그런 경우이다. 발표자는 대한민국과 임시정부의 관계를 통치이념과 인적 구성의 동질성 여부를 기준으로 분석하고, 다음과 같은 결론을 내렸다.

> 대한민국 건국은 통치이념 면에서는 임시정부를 거의 완전하게 계승했다고 평가할 수 있고, 인적 구성의 면에서는 계승하지 않았다고는 말할 수 없다면, 종합적으로 평가할 때 대한민국 건국은 임시정부를 계승했다고 말하는 것이 타당하다. 최소한 대한민국 건국이 임시정부를 계승하지 않았다고 말하는 것은 타당하지 못하다 하겠다. 만일 어떤 공적 조직이 다른 공적 조직을 계승할 때 인적 요소보다 피계승 조직의 운영이념의 계승이 더 중요하다는 점을 인정한다면, 대한민국의 건국은 임시정부를 계승했다고 단언할 수 있을 것이다.[18]

대한민국은 통치이념이나 인적 구성으로 보아 임시정부를 계승했다고 했다. 또 그 사실을 '단언'이라는 용어를 사용하면서까지 강조한다. 그러면서도 2008년이 건국60년이며, 대한민국의 역사는 1948년부터 시작된 것으로 보아야 한다는 것이다. 그 논리는 다음과 같다.

임시정부 수립을 대한민국의 건국기점으로 삼아야 한다는 그들의 주장은 임시정부라는 것이 국가가 존재하지 않은 상태에서 누구나 임의로 조직할 수 있는 건국준비조직이라는 사실을 정확히 인식하지 못한 데서 비롯된다. '건국을 준비하는 것'과 '실제로 건국을 하는 것'은 크게 다른 것이다. 살인을 준비하는 것과 실제로 살인을 행하는 것이 크게 다르고, 약혼식과 결혼식이 다른 것과 같은 이치이다.[19]

임시정부는 건국준비조직이기 때문에 대한민국의 역사는 임시정부에서 비롯한 것으로 볼 수 없다는 주장이다. 대한민국은 통치이념이나 인적 구성에서 임시정부를 계승했다는 것을 단언한다고 하면서, 임시정부를 대한민국의 역사에 포함시킬 수 없다고 강변한다. 참으로 이해하기 어려운 논리다.

대한민국의 헌법 부정

1948년 건국론과 건국절이 갖고 있는 문제점이 또 하나 있다. 대한민국 헌법을 부정한다는 점이다. 1948년에 공포된 제헌헌법과 1987년에 개정된 제6공화국의 헌법은 그 전문에 대한민국은 '임시정부를 계승·재건한 것', '임시정부의 법통을 계승'했음을 밝혀 놓고 있다. 대한민국은 새로 건국한 것이 아니라 임시정부를 잇고 있다는 의미이다.

제헌헌법은 1948년 7월 17일 공포되었다. 그해 5·10총선거를 실시하여 국회의원 198명을 선출하고, 이들이 국회를 구성하여 헌법을 제정했다. 헌법은 정부를 조직·유지·운영하기 위한 것으로, 제헌헌법을 제정하고 이를 근거로 대한민국 정부를 수립했다. 제헌헌법은 그 전문에 정부를 수립한 근거를 밝혀 놓았다.

> 유구한 역사와 전통 빛나는 우리들 대한국민은 기미삼일운동으로 대한민국을 건립하여 세계에 선포한 위대한 독립정신을 계승하여 이제 민주독립국가를 재건함에 있어서 …. [20]

제헌헌법은 그 전문을 통해 대한민국이 언제 어떻게 건립되었는지를 명확하게 밝혀 놓고 있다. "기미 3·1운동으로 대한민국을 건립하여"라고 한 것이 그것으로, 대한민국은 1919년에 3·1운동으로 건립되었다고 명시했다. 그리고 대한민국의 건립을 세계에 선포한 그 독립정신을 계승하여 이제 민주독립국가를 재건한다고 밝혔다. 3·1운동으로 건립한 대한민국, 그리고 '재건한다'고 한 민주독립국가는 모두 대한민국 임시정부를 일컫는 것이다.

여기서 유념해 볼 것이 두 가지 있다. 하나는 민주독립국가를 '건국'했다거나 '건립'했다고 하지 않았다는 점이다. 제헌헌법에서는 대한민국을 건국했다고 한 일이 없다. 둘째는 '재건再建'이라는 용어를 사용한 점에 유념할 필요가 있다. 재건이란 "허물어진 건물이나 조직 따위를 다시 일으켜 세운다"는 뜻이다. 곧 대한민국 임시정부를 다시 세운다는 의미로서, 대한민국은 임시정부를 계승하여 재건했음을 천명한 것이다.

현행 헌법에서도 대한민국은 임시정부의 법통을 계승했다고 명시하고 있다. 현행 헌법은 1987년 10월에 개정된 것으로, 그 전문에 다음과 같이 언급해 놓았다.

유구한 역사와 전통에 빛나는 우리 대한국민은 3·1운동으로 건립된 대한민국 임시정부의 법통과 불의에 항거한 4·19민주이념을 계승하고 ···.

표현에는 차이가 있지만, 제헌헌법과 같은 내용이다. 대한민국은 임시정부의 법통을 계승하고 있다는 말이다. 법통法統의 사전적 의미는 "법의 계통과 전통"을 말하고, 계승繼承은 "조상의 전통이나 문화유산 업적 따위를 물려받아 이어 나감"을 뜻한다. 임시정부의 법통을 계승하였다는 것은 임시정부를 물려받아 이어 나간다는 의미라고 하겠다.

　　대한민국 헌법은 대한민국이란 국가가 언제 어떻게 건립되었는지를 명확하게 밝혀 놓았다. 대한민국 임시정부를 계승·재건한 것, 임시정부의 법통을 계승했다는 사실을 헌법에 명문화해 놓은 것이다. 대한민국이 1948년에 건국되었다고 주장하는 것은 대한민국의 헌법을 정면으로 부정하는 일이나 다름없다고 하겠다.

　　더욱 이해하기 어려운 것은 대한민국 정부가 앞장서서, 또 대한민국의 지식인과 지도자들이 나서서 대한민국의 헌법을 부정하고 있다는 사실이다. 건국60년을 기념하는 사업이 정부 주도로 이루어졌고, 이를 기념하기 위해 발족된 건국60년기념사업위원회와 건국60년기념사업추진위원회에는 국무총리를 비롯한 정부의 주요 인사들과 민간의 각계 인사들이 참여하기도 했다.

상식적으로도 성립되지 않음

1948년 건국론은 상식적으로도 받아들여질 수 없다. 현재 우리나라 각 대학들 및 언론사들은 개교와 창간을 기념하고 있다. 각 대학과 언론사들이 기념하는 개교와 창간의 사례를 예로 들어 본다.

　　이화여자대학교는 2016년에 개교 130주년을 기념하는 행사를 했다. 2016년에 개교 130주년이 되려면, 이화여자대학교는 1886년에 설립되었어야 한다. 하지만 1886년에는 이화여자대학교라는 대학이 없었다. 이화여자대학교가 개교 시점으로 잡는 것은 1886년 미국인 선교사 스크랜턴W. B. Scranton 부인이 여학생 몇 명을 데려다가 교육을 시킨 것을 근거로 한다.

스크랜턴 부인은 미국인 감리교 목사이자 의료선교사로 활동하던 스크랜턴의 부인으로, 1885년에 남편과 함께 조선에 입국했다. 스크랜턴 목사는 입국 후 정동감리교 병원을 세우고 의료사업을 하는 한편, 선교활동을 전개하여 후일 상동교회를 설립한 인물이다. 이때 스크랜턴 부인은 1886년부터 여학생 몇 명을 집에 데려와 영어를 가르쳤다. 이 소식이 알려지자 고종은 1887년 이화학당梨花學堂이란 이름을 하사했다.

이화학당은 처음에는 학교로서의 체제를 갖추지 못했다. 학교로서의 체제를 갖춘 것은 1900년대에 들어와서였다. 1904년에 중등과 학제를 실시했고, 1908년에 첫 졸업생을 배출한 것이다. 이후 이화여자보통학교, 이화여자고등보통학교로 개칭했다가 1925년에 이화여자전문학교로 발전했다.

이화여자대학교라는 이름을 갖게 된 것은 해방 후였다. 1945년 9월 미군정이 들어선 이후 일제시기의 전문학교들이 미군정청 문교부에 대학 설립 인가를 신청했고, 미군정청 문교부는 1946년 8월 15일자로 이화여자전문학교가 신청한 대학 설립을 인가했다. 이때 이화여자전문학교는 이화여자대학교라는 명칭으로 대학 설립 인가를 신청했

고, 미군정청 문교부로부터 이화여자대학교란 명칭으로 설립 인가를 받았다.[21]

대한민국이 1948년에 건국되었다는 논리로 보면, 이화여자대학교는 개교일을 1946년 8월 15일로 잡아야 한다. 그렇지만 이화여자대학교는 미군정청 문교부에서 대학 설립을 인가받은 날을 개교일로 삼지 않는다. 1886년 스크랜턴 부인이 여학생 몇 명을 가르친 것을 근거로 개교일을 잡고 있다. 그렇다고 해서 이화여자대학교가 역사를 왜곡하거나 확대해석한 것이라고 여기지 않는다.

고려대학교와 연세대학교의 경우도 마찬가지다. 고려대학교는 개교일을 1905년 보성전문학교 때로 잡고 있다. 보성전문학교는 이용익이 1905년에 설립한 학교이다. 이후 1911년에 천도교 손병희가 인수해서 운영했고, 1932년에 김성수가 인수했다. 그리고 교명도 보성법률상업학교로 바뀌었다가 1946년 8월 15일 미군정청 문교부에서 대학 설립 인가를 받고, 교명을 고려대학교라고 했다.[22]

연세대학교도 다르지 않다. 연세대학교는 1885년 미국인 선교사 알렌Horace Newton Allen이 설립한 광혜원廣惠院에 연원을 두고 개교기념일을 따진다. 광혜원은 제중원濟衆院을 거쳐 세브란스의학교로 이름이 바뀌었다가, 1915년 미국인 선교사 언더우드Horace Grant Underwood가 설립한 연희전문학교가 되었다. 그리고 1946년 8월 15일 미군정청 문교부에서 연희대학교라는 교명으로 설립 인가를 받았고, 후에 세브란스 병원과 통합하면서 교명을 다시 연세대학교로 바꾸었다.[23]

이화여자대학교·고려대학교·연세대학교가 정식으로 대학 설립 인가를 받고, 현재의 교명을 갖게 된 것은 1946년 8월 15일이다. 그렇지만 이들 대학은 개교기념일을 대학 설립을 인가받고 교명을 갖게 된 1946년 8월 15일에 두지 않는다.

이들 세 학교는 설립자도 다르고, 교명도 다른 곳에 연원을 두고 있다. 이화여자대학교는 스크랜턴 부인이 학교 체제를 갖추지도 못하고 여학생 몇 명을 모아 놓고 교육한 데에, 고려대학교는 설립자도 다르고 교명도 완전히 달랐던 보성전문학교에, 연세대학교 역시 설립자와 교명이 달랐던 광혜원에 각각 근거를 두고 개교기념일을 잡고 있다.

한 가지 예를 더 들어 본다. 『조선일보』와 『동아일보』의 경우도 마찬가지다. 『조선일보』와 『동아일보』는 1920년 3월 5일과 4월 1일에 각각 창간되었다. 이후 두 신문은 조선총독부로부터 여러 차례 정간을 당했고, 1940년 8월에는 강제로 폐간을 당했다. 이후 5년여 동안 신문을 발행하지 못했다. 『조선일보』의 경우는 사주가 방응모로 바뀌는 변화도 있었다.

『조선일보』와 『동아일보』가 복간된 것은 해방 이후이다. 1940년 8월 폐간당한 이후 신문을 발행하지 못하다가 해방 후인 1945년 11월 23일과 12월 1일부터 각각 다시 발간하기 시작했다. 그렇지만 『조선일보』와 『동아일보』는 복간된 날을 기념하지 않는다.

대한민국이 1948년에 건국되었다는 논리로 보면, 『조선일보』와 『동아일보』는 해방 후 복간된 날에 기원을 두어야 옳다. 그렇지만 두

신문사는 복간한 1945년을 기원으로 삼지 않고, 1920년을 창간일로 기념하고 있다.

그렇다고 해서 위 대학들과 신문사들이 역사를 왜곡하거나 확대 해석한 것이라고 여기지 않는다. 이것이 일반적인 상식이고, 역사인식이다. 1919년과 1948년에 수립된 대한민국 정부는 국호도 같고, 국민주권과 민주공화제란 정치이념과 체제도 다르지 않다. 그뿐만 아니라 '대한민국'이란 동일한 연호를 사용했다. 이러한 사실로 보았을 때, 대한민국이 1948년에 건국되었다는 주장은 일반적인 상식으로도 성립되지 않는다.

■ 이승만의 업적과 역사의식을 왜곡하는 '건국대통령'

이승만을 '건국대통령'이라고 칭하는 경우가 있다. 이는 이승만이 1948년 8월 15일 대한민국을 건국하고 대통령이 되었다는 뜻으로 이해된다. 대한민국의 대통령이 되었다는 것은 맞는 말이지만, 대한민국을 건국했다는 것은 역사적 사실과 다르다. 대한민국을 건국했다거나 '건국대통령'으로 칭하는 것은 문제가 있다.

이승만에 대해서는 그동안 많은 연구 성과들이 발표되었고, 1948년 제헌국회에서 대한민국 정부를 수립할 때, 이승만이 수행한 역할에 대해서도 심도 있는 연구가 이루어졌다.[24] 이를 통해 이승만은 제헌국회의 국회의장으로서 국호를 대한민국으로 결정한 것과 더불어 국회단원제·대통령중심제 등 제헌헌법을 제정하고 정부를 수립하는 데 있어 누구보다도 주도적인 역할을 담당했다는 사실이 밝혀졌다. 그러나 이승만의 역할을 평가하는 데 있어 그의 역할을 왜곡하거나 자의

대통령 취임 선서를 하고 있는 이승만

적으로 해석하는 문제가 적지 않다.

　무엇보다도 이승만을 1948년에 대한민국을 건국한 주역으로 부각시키거나 건국대통령이라고 칭하는 것은 그냥 넘길 수 있는 문제가 아니다. 이승만 자신이 '건국'이라는 용어를 사용한 일이 없을 뿐만 아니라, 대한민국을 건국했다고 발언한 적도 없었다.

　건국대통령이라는 칭호는 이승만의 의도를 왜곡하는 것이나 다름없다. 나아가 민족지도자로서 이승만이 지닌 위상을 크게 손상시키는 것은 물론이고, 오히려 이승만을 욕되게 하는 결과가 될 수도 있다. 대단히 우려스러운 일이 아닐 수 없다.

제헌국회 개회사를 통해 정부 수립 방안 제시

제헌국회는 1948년 5월 31일 개원했다. 5월 10일 총선거를 통해 의원 198명이 선출되었고, 이들이 한자리에 모여 국회를 연 것이 5월 31일이었다. 개원식은 국회선거위원회 사무총장 전규홍全奎弘의 개회선언으로 시작되었다. 그리고 국회선거위원회 위원장 노진설盧鎭卨이 '최고연장年長이신 이승만 박사를 추천'했고, 의원 일동은 박수로써 이승만을 임시의장으로 추대했다.[25]

　이승만은 임시의장으로 제헌국회의 사회를 맡았다. 먼저 국회구성과 국회준칙에 관한 논의를 진행하고, 의장과 부의장 선거를 실시했다. 선거 결과 이승만이 재적의원 198명 중 188표를 얻었다.²⁶ 이로써 이승만은 제헌국회에서 정식으로 국회의장에 선출되었다.

　이승만은 국회의장으로 제헌국회를 여는 개회사를 했다. 이승만이 국회의장에 선출될 것은 이미 예견된 일이었으므로 개회사는 미리 준비해 둔 것이었다. 이승만은 개회사를 통해 국회에서 의원들이 수행해야 할 일을 언급하면서, 정부 수립에 대한 자신의 구상과 방안을 다음과 같이 제시했다.

> 먼저 헌법을 제정하고 대한독립민주정부大韓獨立民主政府를 재건설하려는 것입니다. 나는 이 대회를 대표하야 오늘에 대한민국大韓民主國이 다시 탄생誕生된 것과 따라서 이 국회가 우리나라에 유일한 민족대표기관임을 세계만방에 공포합니다.
>
> 이 민국民國은 기미년 삼월일일에 우리 13도대표들이 서울에 모여서 국민대회國民大會를 열고 대한독립민주국大韓獨立民主國임을 세계에 공포하고 임시정부臨時政府를 건설建設하야 민주주의에 기초基礎를 세운 것입니다.
>
> … 이 국회에서 건설되는 정부는 즉 기미년에 서울에서 수립樹立된 민국의 임시정부의 계승繼承에서 이날이 29년 만에 민국의 부활일復活日임을 우리는 이에 공포하며 민국연호民國年號는 기미년에서 기산起算할 것이오.²⁷

國會開院式

開會辭

우리가 오늘 우리 民國 第一次 國會를 열기 爲하야 모인것입니다. 우리가 오늘이 ┊게된데 對하야 첫째로는 하나님의 恩惠와 둘째로는 우리 愛國先烈들의 犧牲的 血鬪한 功績과 셋째로는 우리 友邦들 特히 美國과 「유·엔」의 公義上 援助를 깊이 感謝치않을수 있는것입니다. 우리는 民族의 命을 맞고 國會議員 資格으로 이에 모여 우리의 職務와 價値를 行할것이니 먼저 憲法을 制定하고 大統領 立民主席府를 再建設하려는 것입니다. 나는 이 大會로 代表하야 오늘에 大韓民國이 다시 誕生된것과 라서 이 國會가 우리나라에 唯一한 民族代表 機關임은 世界萬邦에 公布합니다.

이 民國은 己未年三月一日에 우리 十三道代表들이 서울에 모여서 國民大會를 열고 七部國立民主國임을 世界에 公布하고 臨時政府를 建設하야 民主主義에 基礎를 세운 것입니다. 不幸히 世界大勢에 因緣되어 우리 革命이 그때에 成功치 못되었으나 우리 愛國男女가 海內海外에서 己未年에 서울에서 宣布된 民國의 臨時政府의 繼承에서, 이 난이 二十九年만에 民國의 復活日을 우리는 이에 公布하며 民國年號는 己未年에서 起算할것이요 이 國會는 全民族을 代表한 國會이며 이 國會에서 誕生되는 民國政府는 完全한 韓國全體를 代表한 中央政府임을 公布하는 바입니다.

우리 以北五道同胞가 우리와같이 公選으로 代表를 選擧하야 이자리에서 合席치 못한것은 우리가 極히 遺憾이 여기는 바입니다. 그러나 以北에서 넘어온 四百五十萬 男妹同胞가 우리 選擧에 參加하였고 被選된 代表도 여럿있을 뿐아니라 이 國會에 자리를 敎設대로 비여놓아 하로바 以北代表가 와서 이자리를 占領하고 우리와함께 聰義와 權利를 分擔하야 完全統一한 國家를 建設하기를 決心 期備하며 우리는 以北同胞와 合心合力하야 美國과 「유·엔」의 協助로 統一의 早速成功을 演來하기도 할것이며 우리는 以北同胞와 우리 民族은 죽어도 같이죽고 살어도 같이살것이요 우리 彊土는 一尺一寸 도다서 退讓하는바는 없을것이며...

1948년 5월 31일 제헌국회 개원식에서 행한
이승만 국회의장의 개회사

요지는 크게 세 가지다. 하나는 헌법을 제정하고 '대한독립민주정부'를 재건설하자는 것이고, 둘째는 재건설하고자 하는 '민국'은 1919년에 임시정부를 수립하여 민주주의의 기초를 세운 것이라고 했다. 셋째는 제헌국회에서 건설할 정부는 1919년 서울에서 수립된 임시정부를 계승하는 것이라고 하면서, 이는 29년 만에 '민국'을 부활하는 것이고, 연호는 임시정부에서 사용한 연호를 그대로 사용하되 그 시점은 1919년부터 계산한다는 것이었다.

이러한 이승만의 제안은 별다른 해석을 덧붙일 필요가 없을 정도로 명확하다. 이승만은 새로이 국가를 건립하자거나 새로이 정부를 수립하자고 하지 않았다. '재건설·계승·부활'이란 용어를 사용하면서, 1919년에 수립된 대한민국 임시정부를 재건·계승하고 부활하는 방법으로 정부를 수립할 것을 제안했다.

개회사에서 이승만이 언급한 임시정부는 한성정부다. 잘 알려져 있듯이 한성정부는 1919년 4월 23일 국내에서 수립되었다. 1919년 3월 1일 독립선언이 발표된 후, 홍진·이규갑 등이 주도하여 서울과 경기 지역을 중심으로 임시정부 수립이 추진되었고, 13도대표자대회라는 절차를 거쳐 4월 23일 국민대회를 통해 수립을 선포했다.[28] 당시 이승만은 한성정부의 행정수반인 집정관총재였다.

이후 한성정부는 러시아 연해주와 중국 상하이에서 수립된 임시정부와 통합을 이룬다. 3·1독립선언이 발표된 후 국외에서도 임시정부가 수립되었다. 3월 17일 연해주에서 손병희孫秉熙를 대통령으로 한 대한국민의회가, 4월 11일에는 상하이에서 이승만을 국무총리로 한 대한민국 임시정부가 수립된 것이다. 대한국민의회·대한민국 임시정부·한성정부는 지역적 기반도 조직 구성도 달랐다. 세 곳의 임시정부는 곧바로 통합을 추진했다.

통합운동은 안창호의 주도 하에 전개되었다. 안창호는 상하이에서 수립된 대한민국 임시정부의 내무총장이었다. 그는 미국에서 상하이로 와 내무총장에 취임하고, 부임하지 않은 이승만을 대신해 국무총리를 대리하면서 통합운동을 추진했다. 그 결과 세 곳의 임시정부는 국내에서 13도대표자대회라는 국민적 기반에 의해 수립된 한성정부를 정통으로 인정하고, 정부의 위치는 상하이에 두며, 정부의 명칭은 대한민국 임시정부로 한다는 원칙에 합의를 이루어냈고, 1919년 9월 11일 하나로 통합을 이루었다.[29]

통합을 추진하면서 헌법도 개정했다. 헌법 개정의 핵심은 대통령제였고, 1919년 9월 11일「대한민국임시헌법」이란 이름으로 공포되었다. 개정된 헌법에 의해 임시의정원에서 대통령 선거를 실시했다. 그 결과 한성정부의 집정관총재였던 이승만이 대통령으로 선출되었다.[30] 국무총리는 이동휘였다. 이로써 이승만 대통령과 이동휘 국무총리를 중심으로 하는 대한민국 임시정부가 새롭게 구성되었다.

이승만이 통합을 이룬 대한민국 임시정부에서 대통령직을 탄핵당한 것 때문에, 개회사에서 의도적으로 한성정부를 지칭한 것으로 해석할 여지도 있다. 그렇지만 이승만은 '한성정부'라는 단어를 쓴 일이 없다. 그러므로 한성정부를 의도적으로 내세운 것이라기보다는, 임시정부가 일부 독립운동가들이 모여 수립한 것이 아니라, 국내에서 13도 대표자대회와 국민대회라는 국민적 절차와 기반 위에 수립되었다는 점을 강조하기 위한 의도라고 생각된다.

국호를 '대한민국'으로 결정

헌법 제정과 더불어 제헌국회에서 가장 큰 문제로 대두된 것은 국호國號였다. 국호는 해방 직후부터 주요한 문제였고, 여러 세력들이 한국·대한·대한민국·조선공화국·고려공화국 등 다양한 국호를 제시했다. 6월 3일 헌법을 제정하기 위한 헌법 및 정부조직법기초위원회가 구성되어 활동을 시작하면서 많은 논의들이 있었고, 최종적으로 7월 1일 국회 본회의에서 '대한민국'이란 국호가 결정되었다.

    국호가 결정되는 데 가장 큰 영향을 끼친 사람은 이승만이었다. 이승만은 제헌국회 개원과 더불어 대한민국이라는 국호를 사용했다. 임시의장으로 추대된 이승만은 "대한민국 독립민주국 제1차 회의를 여기에 열게 된 것을 우리가 하나님에게 감사해야 할 것입니다"라며, 말문을 열었다.[31] 그의 입에서 나온 첫마디가 대한민국이었다. 이어 정식 의장으로 개회사를 하면서 '대한민주국大韓民主國'과 '대한독립민주국大韓獨立民主國'이란 용어를 사용했고, 자신을 '대한민국 국회의장 이승만'이라 칭했다.

제헌국회에서 국호 문제가 공식적으로 논의된 것은 6월 7일에 열린 헌법 및 정부조직법기초위원회 제4차 회의였다. 국호 문제는 이날 회의에서 가장 논란이 되었다. 헌법 및 정부조직법기초위원회는 지역별로 안배하여 모두 30명으로 구성되어 있었고,[32] 이들 사이에 국호에 대해 여러 가지 의견이 제시되었다.

기초위원들이 국호 문제로 토론을 벌이고 결정할 때 커다란 영향으로 작용한 것은 이승만의 발언이었다. 이청천을 비롯하여 대한독립촉성국민회 출신 기초위원들도 "국회의장 이승만이 개원식사에서 대한민국을 천명했는데, 그에 대한 이의가 없었던 만큼 그대로 추진시키는 것이 당연하다"고 주장했다.[33] 이후 토론에서 합일점을 찾지 못하자 표결에 들어갔다. 표결한 결과 대한민국 17표, 고려공화국 7표, 조선공화국 2표, 한국 1표가 나왔다.[34]

헌법 및 정부조직법기초위원회에서 국호를 결정했지만, 그것이 최종적으로 결정되기까지에는 절차가 있었다. 국회 본회의 의결을 거쳐야 했다. 헌법기초위원회는 6월 3일부터 22일까지 모두 16차에 걸친 회의를 통해 헌법안을 마련했고, 이는 6월 23일 국회 본회의에 상정되었다. 이에 따라 국호에 대한 문제가 다시 대두되었다.

국회 본회의에서 국호를 둘러싸고 의원들 사이에 많은 논란이 벌어졌다. 이 과정에서 '대한민국'이란 국호에 찬성하고, 이를 주장하는 의원들이 펼친 논리가 있었다. 개회 벽두에 이승만 의장이 대한민국이란 국호를 사용했고, 이를 통해 대한민국이란 국호가 천하에 공포되었다는 것이 주된 논리였다.

- 서용길徐容吉: 국호로 대한민국이라 하고, 그 이유로 3·1대혁명의 정신을 계승한 그때 세계에 대한大韓이라 했고, 의장께서 개회사에 대한이라 말씀을 쓰셨기 때문에 기초위원회에서 대한이라고 한다고 하는 설명을 들었습니다.[35]

- 이원홍李源弘: 국호는 대한민국을 습용襲用하는 것이 정당하다고 생각합니다. 대한大韓이라 하든지 고려高麗라 하든지 조선朝鮮이라 하든지 모두 일장일단이 있는 한 거족적擧族的이었던 3·1독립정신과 대한임시정부大韓臨時政府의 법통계승의 원칙하에서 또는 개회 벽두에 의장 이승만 박사께서 개회사와 선서문 중에 대한민국이라고 언급하시어 대한민국이 천하에 공포되고 있는 관계로 보아서 새삼스럽게도 다른 국호를 정하지 말고 대한민국이라고 습용하는 것이 정당하다고 생각하는 바입니다.[36]

- 장병만張炳晩: 본인은 대한민국의 국호에 대하야 절대적으로 찬성합니다. 그 이유는 대한민국은 3·1운동 이후로 30여 년간이나 계승하여 왔고, 전번에 국회 개원 시에 의장 선생께서 임정법통臨政法統의 정신을 계승한다고 했고, 그뿐 아니라 현금 국내에서 각 방면으로 대한으로 사

용한 것은 사실이 증명하는 바이올시다.[37]

• 조국현趙國鉉: 국호에 대하야 대한大韓이라고 하는 것을 저는 찬성할 뿐만 아니라 반드시 써야 할 것이라고 주장합니다. … 우리는 대한민국의 국호를 씀으로써 거룩한 3·1운동을 살려내어 세계에 천명하고 대한임정大韓臨政의 법통을 계승하야 반만 년 찬란한 역사를 접속하는 의미에서 나는 우리 국호를 대한이라고 생명을 놓고 절대 주장합니다.[38]

의원들은 이승만 의장이 개회사를 통해 이미 대한민국이란 국호를 언급했다는 사실, 그 의도는 임시정부의 법통을 계승하는 것이라는 사실을 이유로 들며 국호를 대한민국으로 하는 데 찬성했다.

국회 본회의에서 국호를 결정한 것은 7월 1일이었고, 그 진행을 주도한 것은 이승만이었다. 이승만은 7월 1일 국회 본회의에서 의원들에게 두 가지를 부탁했다. 하나는 헌법 전문에 대한민국 임시정부를 계승·재건한다는 내용을 포함시키자는 것이었고, 다른 하나는 국호를 빨리 결정하자는 것이었다. 이승만은 "국호개정國號改正이 잘 되었다고 독립이 잘되고 국명國名이 나쁘다고 독립이 잘 안 될 것은 아니고 그런 것은 문제가 안 됩니다. … 그러니까 국호 문제에 있어서는 다시 문제 일으키시지를 말기를 또 부탁하는 것입니다"라며,[39] 국호를 속히 결정하도록 촉구했다.

이승만의 부탁하는 발언이 있은 후, 곧바로 국호 문제에 대한 최종 논의가 있었다. 조봉암曺奉岩 의원이 지금 정하지 말자는 발언을 했지만, 부의장 신익희申翼熙는 "다른 의사가 없으면 표결에 부친다" 하며 표결에 들어갔다. 표결은 대한민국이란 국호를 두고 찬성과 반대를 표시하는 방식으로 진행되었다. 그 결과 재적의원 188명 중 찬성 163명, 반대 2명이 나왔다.[40] 이로써 '대한민국'이란 국호가 최종적으로 결정되었다.

제헌헌법 전문에
임시정부의 계승·재건을 명문화

제헌국회에서 임시정부를 계승·재건할 것을 주장하고, 이를 관철시킨 사람은 이승만이었다. 앞에서 언급했듯이, 제헌국회 개회사를 통해 그 의도와 방안을 제시했고, 국호를 대한민국으로 결정하는 데도 커다란 영향력을 행사했다. 이와 더불어 제헌헌법 전문에 임시정부의 계승·재건을 명문화시켰다.

이승만은 제헌국회 개원 이전에 이미 임시정부를 계승·재건한다는 생각을 갖고 있었던 것으로 보인다. 1947년 3월 임시정부 인사들이 수립했던 과도정권過渡政權에 대한 이승만의 태도에서 이를 짐작할 수 있다. 충칭에서 해방을 맞은 임시정부는 1945년 9월 3일 국내에 들어가 추진할 「당면정책當面政策」을 발표했다.[41] 주요 내용은 26년 동안 유지해 온 정권을 국민들에게 봉환奉還한다는 것이었다. 그 방법으로 국내에서 과도정권을 수립하고, 과도정권에 임시정부의 모든 것을 인계한다고 했다.

환국 후 임시정부는 과도정권 수립을 추진했다. 1946년 2월 임시의정원을 계승한 비상국민회의를 결성하고, 이를 시도했지만 성사되지 못했다. 이후 비상국민회의를 국민의회로 바꾸고, 재차 과도정권 수립을 추진했다. 국민의회는 1947년 3월 3일 제41회 임시의회를 통해 임시정부를 확대·강화하는 방법으로 과도정권을 수립하고, 주석에 이승만과 부주석에 김구를 비롯하여 국무위원을 선출한 것이다.[42] 그러나 수립을 공표하지 못했다. 미군정 당국에서 이를 저지했고, 만일 발표하면 반란행위로 규정할 것이라며 임시정부를 압박했기 때문이었다.

국민의회에서 과도정권을 수립했을 때, 이승만은 미국에 있었다. 소식을 접한 이승만은 과도정권 수립을 공표하지 말 것을 당부하며, 김구에게 "내가 도착할 때까지 기다리라"는 전보를 보냈다.[43] 이후 이승만은 중국을 거쳐 귀국했다. 그 후 주석 취임을 거부하고 과도정권 수립에 대해 자신의 입장을 밝혔다.

> 그런즉 임정 법통관계를 지금 문제 삼지 말고 아직 잠복한 상태로 계속했다가 정식 정부가 성립된 후에는 의정원과 임정의 법통을 정당히 전임시킬 것이오. 만일 정식 정부에 대한 국제장애가 있어서 지금에 진행하려는 방침이 여의치 못한 때에는 우리 전 민족이 다 같은 보조로 임정

을 부르고 그 기치 하에서 독립을 전취하기가 미만未晚할 것이니 …. 44

이승만의 입장은 과도정권을 통해 임시정부의 법통 문제를 거론하지 말고, 임시정부의 존재는 잠복 상태로 두자는 것이었다. 그리고 정식 정부가 수립되면, 그때 임시정부의 법통을 정식 정부에 전임시키자고 했다.

이승만은 이를 제헌국회에서 실현해 나갔다. 개회사를 통해 임시정부를 계승·재건하는 방법으로 정부를 수립할 것을 제안했고, 제헌 헌법 전문에 이를 명문화시킨 것이다. 이승만은 7월 1일 국회 본회의에서 임시정부 법통과 관련한 내용을 헌법안 전문에 넣자고 부탁하면서, 전문에 들어갈 내용에 대해 구체적으로 언급했다.

내 생각은 총강總綱 전前의 전문前文 이것이 긴요緊要한 글입니다. 거기에 즉 우리의 국시國是 국체國體가 어떻다 하는 것이 표시될 것입니다. 나는 여러분에게 간절히 요구하는 것은 지난번 개회식 할 때도 그런 말을 한 일이 있습니다. 그래서 '우리는 민주공화체民主國共和體이다' 하는 것을 쓰는 것이 있습니다. 기미년 때 선포한 것에도 있는 것입니다. 그 후 정부가 상해上海로 갔던 남경南京으로 갔던 그동안에도 이것은 독재제獨裁制가 아니라 민주정권民主政權이다 하는 것을 쓴 것이 있습니다. …
지금 미국 사람들이 구라파나 아시아나 자기네의 민주주의라는 것을 펴자고 하는 것이 오늘의 정세입니다. 그러한 까닭에 일본에 가서도 전제주의專制主義를 업새버리고 일본 백성들에게 민주주의를 전傳하고 그런 정부를 맨들어서 … 그리고 조선에 와서도 미국은 민주주의 원칙에 임任하여 자기네가 세워 주겠다고 하고 있는 터입니다.
그러나 우리는 우리의 정신을 헌법에 작정作定할 생각이 있어서 말씀하는 것입니다. 그런 까닭에 여기서 우리가 헌법 벽두에 전문에 더 써널 것은 '우리들 대한국민大韓國民은 유구悠久한 역사歷史와 전통傳統에 빛나는 민족民族으로서 기미년 삼일혁명三一革命에 궐기蹶起하여 처음으로 대한민국정부大韓民國政府를 세계에 선포했으므로 그 위대한 독립정신獨立精神을 계승繼承하여 자주독립自主獨立의 조국재건祖國再建을 하기로 함' 이렇게 써 넣었으면 해서 여기 제의하는 것입니다.
무엇이라고 하든지 맨꼭대기에 이런 의미의 문구를 넣어서 우리의 앞길이 이렇다 하는 것을 또 삼일혁명의 사실을 발포發布하여 역사상에 남기도록 하면 민주주의라는 오늘에 있어서 우리가 자발적自發的으로 일본에 대해 싸워가지고 입때 진력盡力해오던 것이라 하는 것을 우리와 이후以後의 우리 동포들이 알도록 잊어버리지 않도록 했으면 좋겠다 …. 이것이 나의 요청이며 부탁하는 것입니다.[45]

이승만이 헌법 전문에 임시정부 법통에 대한 문구를 넣자고 한 데는 이유가 있었다. 무엇보다도 외세에 의한 정부 수립, 즉 미국이 세워 주는 민주주의 정부 수립이 되어서는 안 된다는 생각 때문이었다. 미국은 일본에 민주주의 정부를 세웠고, 조선에 와서도 그렇게 하려고 한다는 것이다. 그렇지만 우리는 이미 1919년에 민주공화제 정부인 대한민국 임시정부를 수립하여 민주정권을 유지·운영한 경험이 있다는 것이고, 이러한 사실을 전문에 넣어야 한다는 생각이었다. 제헌국회에서 정부를 수립하면서 이승만이 가장 염려했던 것은 '자주독립'과 '민족의 자주성'이었다고 하겠다.

이유가 하나 더 있었다. '3·1운동으로 대한민국 임시정부를 수립했다'는 것과 '우리 민족이 자발적으로 일본에 대항하여 독립운동을 전개했다'는 역사적 사실을 우리 동포들과 후손들에게 알리고, 이를 잊어버리지 않도록 해야 한다는 생각 때문이었다.

헌법기초위원회에서는 이승만이 헌법 전문에 넣자고 한 내용과 문구에 대해 논의했다. 논의는 7월 7일에 이루어졌다. 의원들은 이승만이 직접 언급한 내용을 다듬었다. 그리고 백관수白寬洙·김준연金俊淵·최국현崔國鉉·이종린李鍾麟·윤치영尹致暎 등 5명을 특별위원으로 선정하고, 이들에게 최종안을 마련하도록 했다.

① 우리들 대한국민은 유구한 역사와 전통에 빛나는 민족으로서 기미년 삼일혁명에 궐기하여 처음으로 대한민국정부를 세계에 선포했<u>으므로</u> 그 위대한 독립정신을 계승하여 자주독립의 조국재건을 하기로 함

② 유구한 역사와 전통에 빛나는 우리들 대한국민은 기미년 3월 혁명

으로써 대한민국을 수립하여 세계에 선포한 그 위대한 독립정신을 계승하여 지금 독립민주정부를 재건함에 있어서

③ 유구한 역사와 전통에 빛나는 우리들 대한국민은 기미삼일운동으로 대한민국을 건립하여 세계에 선포한 위대한 독립정신을 계승하여 이제 민주독립국가를 재건함에 있어서

①은 이승만이 제안한 내용이고, ②는 이승만이 제안한 내용을 헌법기초위원회에서 가다듬은 것이며, ③은 헌법기초위원회 특별위원 5명이 최종적으로 마련한 수정안이다. '삼일혁명'을 '삼일운동'으로, '자주독립의 조국'을 '민주독립국가'로 바꾸었지만, 이승만이 언급한 내용이 그대로 반영되었다.

 수정안은 본회의 표결을 거쳐 확정되었다. 수정안이 마련되자 의장 이승만은 이를 표결에 부쳤다. 표결은 수정안에 대해 가·부를 묻는 것으로 진행되었고, 그 결과 재석 157명 중 가 91명, 부 16명으로 가결되었다.[46] 이로써 "기미 3·1운동으로 대한민국을 건립"했다는 사실, 그리고 "임시정부를 계승·재건하여 대한민국 정부를 수립했다"는 내용이 헌법 전문에 들어가게 되었다. 대한민국의 정통성이 임시정부에 있다는 것을 헌법 전문에 명문화한 것이다. 헌법 전문에 이를 넣자고 제안한 것도 이승만이었고, 이를 관철시킨 것도 이승만이었다는 사실을 명심할 필요가 있다.

大韓民國憲法

前文

悠久한 歷史와 傳統에 빛나는 우리들 大韓國民은 己未三一運動으로 大韓民國을 建立하여 世界에 宣布한 偉大한 獨立精神을 繼承하여 이제 民主獨立國家를 再建함에 있어서 正義人道와 同胞愛로써 民族의 團結을 鞏固히 하며 모든 社會的 弊習을 打破하고 民主主義諸制度를 樹立하여 政治 經濟 社會 文化의 모든 領域에 있어서 各人의 機會를 均等히 하고 能力을 最高度로 發揮케 하며 各人의 責任과 義務를 完遂케 하여 안으로는 國民生活의 均等한 向上을 期하고 밖으로는 恒久的인 國際平和의 維持에 努力하여 우리들과 우리들의 子孫의 安全과 自由와 幸福을 永遠히 確保할것을 決意하고 우리들의 正當또 自由로히 選擧된 代表로써 構成된 國會에서 檀紀四千二百八十一年七月十二日 이 憲法을 制定한다

檀紀四千二百八十一年七月十二日

大韓民國國會議長　李　承　晩

1948년 7월 17일 공포된 「대한민국헌법」(제헌헌법) 전문
"기미 3·1운동으로 대한민국을 건립하여"라고 대한민국이 1919년에 건립되었음을 밝혀 놓았다.

제헌헌법에 임시정부를 계승·재건한다는 내용의
전문을 넣자고 주장한 이승만 의원의 발언(제헌국회속기록)

임시정부의 연호를 그대로 이어서 사용

임시정부에 법통성을 두고자 한 이승만의 의도가 또 하나 있다. 임시정부에서 사용한 연호를 그대로 이어서 사용한 것이다. 임시정부는 1919년 4월 11일 수립과 더불어 국호인 '대한민국'을 연호로 사용했다. 당시 중국의 경우도 국호인 '중화민국'을 연호로 사용하고 있었다. 임시정부는 수립 이후 모든 문서에 연호 대한민국을 사용하며 '대한민국 원년, 대한민국 2년, 대한민국 27년' 등으로 표기했다.

임시정부는 해방 후 국내로 환국한 이후에도 '대한민국'이란 연호를 그대로 사용했다. 임시정부 명의로 발표된 문서와 선언서에 '대한민국 28년', '대한민국 29년' 등, '대한민국'이란 연호를 쓴 것이다. 그러나 임시정부 이외에는 대부분 단기檀紀라는 연호를 썼고, 미군정 하에서 호적 정리를 하면서 모두 단기를 사용했다. 제헌국회에서도 마찬가지로 단기를 사용했고, 1948년을 '단기 4281년'으로 표기했다.

이처럼 단기가 일반적인 연호로서 사용되고 있을 때, 이승만은 연호 대한민국을 사용했다. 이승만은 앞에서 언급한 1948년 5월 31일 제헌국회 개회사를 통해 연호는 임시정부에서 사용하던 '민국(대한민국)'을 사용할 것, 그리고 연호의 기산起算은 임시정부가 연호를 사용하기 시작한 기미년(1919년)에서 시작할 것이라고 했다. 그리고 개회사 말미에 '대한민국 30년(단기 4281년) 5월 31일'이라고 대한민국과 단기를 병기해 놓았다.

이후부터 이승만은 대한민국이라는 연호만 사용했다. 국회에서는 단기를 사용하고 있었지만, 자신의 명의로 발표되는 문서에는 모두 대한민국으로 표기한 것이다. 예를 들면 다음과 같다.

① 대통령 취임 선서

대한민국 30년 7월 24일   대한민국 초대 대통령 이승만

나 이승만은 국헌國憲을 준수遵守하며 국민의 복리를 증진하며 국가를 보위하여 대통령의 직무職務를 성실히 수행遂行할 것을 국민과 하나님 앞에 엄숙히 선서한다.[47]

② 정부문서 제2호

대한민국 30년 7월 31일   대한민국 대통령 이승만

대한민국 국회의장 귀하

국무총리임명에 관한 건[48]

③ 정부문서 제3호

대한민국 30년 8월 5일   대한민국 대통령 이승만

대한민국 국회의장 귀하

대법원장 임명승인에 관한 건[49]

이승만은 5월 31일 자신이 대한민국이란 연호를 사용할 것을 제안한

官報

第一號 大韓民國三〇年九月一日

大韓民國政府公報處 發行

法律

大韓民國憲法

前文

悠久한 歷史와 傳統에 빛나는 우리들 大韓國民은 己未三一運動으로 大韓民國을 建立하여 世界에 宣布한 偉大한 獨立精神을 繼承하여 이제 民主獨立國家를 再建함에 있어서 正義人道와 同胞愛로써 民族의 團結을 鞏固히 하며 모든 社會的 弊習을 打破하고 民主主義諸制度를 樹立하여 政治, 經濟, 社會, 文化의 모든 領域에 있어서 各人의 機會를 均等히 하고 能力을 最高度로 發揮케 하며 各人의 責任과 義務를 完遂케 하여 안으로는 國民生活의 均等한 向上을 期하고 밖으로는 恒久的인 國際平和의 維持에 努力하여 우리들과 우리들의 子孫의 安全과 自由와 幸福을 永遠히 確保할 것을 決意하고 우리들의 正當히 또 自由로히 選擧된 代表로써 構成된 國會에서 檀紀四千二百八十一年 七月 十二日 이 憲法을 制定한다.

檀紀四千二百八十一年 七月 十二日

大韓民國國會議長 **李承晩**

第一章 總綱

第一條 大韓民國은 民主共和國이다.

第二條 大韓民國의 主權은 國民에게 있고 모든 權力은 國民으로부터 나온다

第三條 大韓民國의 國民되는 要件은 法律로써 定한다.

第四條 大韓民國의 領土는 韓半島와 그

附屬島嶼로 한다.

第五條 大韓民國은 政治, 經濟, 社會, 文化의 모든 領域에 있어서 各人의 自由, 平等과 創意를 尊重하고 保障하며 公共福利의 向上을 爲하여 이를 保護하는 義務를 진다

第六條 大韓民國은 모든 侵略的인 戰爭을 否認한다. 國軍은 國土防衛의 神聖한 義務를 遂行함을 使命으로 한다.

第七條 批准公布된 國際條約과 一般的으로 承認된 國際法規는 國內法과 同一한 效力을 가진다

外國人의 法的地位는 國際法과 國際條約의 範圍內에서 保障된다.

第二章 國民의 權利義務

第八條 모든 國民은 法律앞에 平等이며 性別, 信仰 또는 社會的 身分에 依하여 政治的, 經濟的, 社會的 生活의 모든 領域에 있어서 差別을 받지 아니한다.

社會的 特殊階級의 制度는 一切 認定되지 아니하며 如何한 形態로도 이를 創設하지 못한다.

勳章과 其他 榮典의 授與는 오로지 그 받은 者의 榮譽에 限하여 效力이 있고 如何한 特權도 創設되지 아니한다

第九條 모든 國民은 身體의 自由를 가진다. 法律에 依하지 아니하고는 逮捕, 拘禁, 搜索, 審問, 處罰과 強制勞役을 받지 아니한다.

逮捕, 拘禁, 搜索에는 法官의 令狀이 있어야 한다. 但 犯罪의 現行, 犯人의

대한민국 정부 공보처에서 발행한 『관보』 제1호
발행일자를 '대한민국 30년 9월 1일'이라고 했다.

정부문서 제2호(국무총리 임명에 관한 건)
'대한민국 30년 7월 31일'이라고 했다.

이후, 공식적으로 대한민국이라는 연호를 사용했다. 7월 24일 대통령 취임선서를 하면서, 7월 31일 국무총리 이범석에 대한 임명안과 8월 5일 대법원장 임명승인안 등 정부문서에 '대한민국 30년'이라고 표기한 것이다.

1948년 8월 15일 대한민국 정부 수립을 선포한 후에도 마찬가지였다. 대한민국 정부는 연호로 대한민국을 썼고, 9월 2일 대통령이 국회의장에게 보내는 「행정권 이양에 관한 경과보고의 건」이란 문서의 발행일자도 '대한민국 30년'이라 명기되어 있다. 또 정부 수립 후 처음으로 대한민국정부공보처에서 『관보官報』를 발행할 때도, 그 연도를 '대한민국 30년 9월 1일'이라고 표기했다. 대한민국 정부가 공식적으로 '대한민국'이란 연호를 사용한 것이다.

연호를 사용하는 데는 상례가 있다. 국가가 바뀌면 연호는 달리 쓴다. 같은 국가에서도 황제가 바뀌면 다른 연호를 사용한다. 대한제국에서 고종은 광무光武를, 순종은 융희隆熙라는 연호를 사용한 것이 그러한 예다. 일본도 마찬가지다. 일본이란 동일한 국가이지만, 천황이 바뀔 때마다 메이지明治·다이쇼大正·쇼와昭和·헤이세이平成 등 각기 다른 연호를 사용하고 있다. 동일한 연호를 사용한다는 것은 같은 국가임을 나타내는 것이다.

임시정부 부활을 업적으로 강조

이승만은 국회의장으로 제헌국회에서 대한민국 정부를 수립하는 데 주도적인 역할을 했지만, 자신이 1948년에 대한민국을 건국했다고 발언한 일이 없다. 스스로를 건국대통령이라고 칭한 일도 없고, 이를 내세우지도 않았다. 이승만은 제헌국회에서 임시정부를 계승·재건했다는 점을 자신의 업적으로 내세우고 있었다.

이러한 사실은 1956년 대통령 선거에 입후보했을 때 만든 선거 홍보 전단을 통해 알 수 있다. 1956년 5월 제3대 대통령·부통령 선거가 실시되었다. 이때 이승만은 자유당으로 대통령에 출마했고, 부통령으로 입후보한 이기붕李起鵬과 함께 선거홍보 전단을 만들었다. 이 전단에 1875년 3월 황해도 평산군에서 출생한 사실부터 1956년 3월 이기붕을 부통령 후보로 지명한 사실 등 자신의 약력을 적어 놓았다. 이 가운데 1948년도 약력 사항은 다음과 같다.

- 5월 10일 총선거에 동대문갑구에서 입후보하여 무투표 당선
- 5월 31일 초대 국회의장에 피선. 기미년 3월 1일부터 기산起算하여 29년 만에 자주민국自主民國을 부활
- 7월 20일 초대 대통령에 선임

이승만이 1948년 자신의 약력사항에 기록해 놓은 내용은 네 가지였

1956년 대통령 선거 때 이승만 박사의 약력을 소개한 선거홍보 전단
1948년의 약력을 소개하면서 8월 15일 대한민국 정부를 수립한 사실을
언급하지 않았다. 국회의장에 피선되어 "기미년 3월 1일부터 기산하여
29년 만에 자주민국을 부활"했음을 강조해 놓았다.

다. 하나는 5월 10일 국회의원에 당선된 것, 둘째는 5월 31일 초대 국회의장에 피선된 것, 셋째는 기미년 3월 1일부터 기산하여 29년 만에 자주민국을 부활시킨 것, 넷째는 7월 20일 초대 대통령에 선임된 것이었다. 일반적인 생각으로 보면, 대한민국 정부를 수립하고 8월 15일 이를 선포한 것이 이승만의 커다란 업적이 아닐 수 없다. 그렇지만 이승만은 대한민국 정부를 수립한 사실을 약력에 포함시키지 않았다.

이승만이 1948년 8월 15일 대한민국 정부를 수립했다는 것을 자신의 업적으로 내세우지 않았다는 점을 생각해 보아야 한다. 또 대한민국 정부를 수립한 것을 언급하지 않고, 기미년 3월 1일부터 기산하여 29년 만에 자주민국을 부활했음을 약력 사항에 기재했다는 사실도 헤아려 보아야 한다. 자신이 대한민국을 건국했다고 여기지 않았기 때문이다. 이승만이 자신의 업적으로 강조했던 것은 '임시정부 부활'이었다.

이승만의 역사의식을 잘못 이해하거나 왜곡해서는 안 된다. 이승만은 자주독립정부를 세우고자 했고, 이를 위해 임시정부를 계승해서 자주독립의 대한민국 정부를 수립했다. 새로운 국가와 정부를 수립하게 되면, 이는 미국에 의한 국가와 정부 수립이 된다는 것, 이승만이 가장 우려한 것은 이것이었다. 이승만을 건국의 주역으로 부각시키거나 건국대통령이라고 칭하는 것이 결과적으로 '이승만을 욕보이는 것'이라고 하는 것은 이 때문이다.

▪ 미국은 '건국'보다 '독립'을 기념

1948년 건국론과 건국절 주장은 미국에 '건국기념일'이 있다는 데 근거를 두고 있기도 하다. 그러나 미국에는 건국기념일이 없다. 미국인들이 기념하는 것은 '독립기념일'이다. 미국은 영국의 식민 지배를 받았다가 독립한 나라다. 미국이 영국에 대해 독립을 선포하고 독립전쟁을 전개하여 오늘의 미합중국을 건국하기까지 거친 과정이 있다. 그 과정은 한민족이 일제의 식민 지배에서 독립하여 정부를 수립한 과정과 거의 같다.

    미국은 영국의 식민지 지배를 받고 있었고, 영국에 대해 독립전쟁을 벌였다. 미국이 영국과 독립전쟁을 전개하기 시작한 것은 1770년대부터이다.[50] 1763년 7년 전쟁이 끝난 후 영국은 식민지에 대한 통제를 강화하는 한편, 전쟁으로 인한 국가채무를 해결하기 위해 인지세를 비롯하여 각종 세금을 늘려 갔다. 이 과정에서 1773년 보스턴 차

미국의 독립기념일 행사
미국은 영국에게 독립을 선언한 1776년 7월 4일을
'4th of July'라고 부르며 국경일로 기리고 있다.

사건이 일어났고, 이에 대해 영국이 보복해 오자 대륙회의를 개최하여 대책을 강구하는 한편, 민병대를 조직하여 저항했다. 영국은 1775년 4월 군대를 파견하여 렉싱턴과 콩코드에서 민병대를 공격했고, 이로써 미국의 독립전쟁이 시작되었다.

영국군이 공격해 오자 미국 13개 주 식민지인들은 1775년 5월 제2차 대륙회의를 개최했다. 이 회의에서 자유를 지키기 위해 군사적으로 대응하자는 것이 결정되었고, 조지 워싱턴George Washington을 사령관으로 한 대륙연합군을 조직했다. 영국은 이들을 진압하기 위해 3만여 명의 원정군을 파견했고, 곳곳에서 전투가 벌어졌다.

미국인들은 영국과 독립전쟁을 진행하면서, 1776년 7월 4일 독립선언을 발표했다. 대륙회의에서 독립을 선언하기로 하고, 토마스 제퍼슨Thomas Jefferson이 기초안을 만들었다. 대륙회의는 일부분을 수정한 후, 독립선언을 가결하고 7월 4일 "연합한 모든 식민지는 자유롭고 독립된 국가들이며 또 마땅히 그러한 국가들이어야 할 권리를 갖고 있다"는 내용의 「독립선언서」를 정식으로 발표했다.

독립선언을 발표한 이후 독립전쟁은 계속되었다. 대륙연합군은 증원과 보급을 제대로 받지 못해 어려운 점이 많았지만, 1778년 프랑스가 동맹을 맺고 의용군과 해군을 보내 와 전투에 참여했다. 그리고 영국의 해상봉쇄로 인해 피해를 입은 러시아·덴마크·네덜란드·포르투갈 등이 동맹에 가입하면서, 영국은 국제적으로 고립 상태에 빠졌다. 이러한 정세 속에서 1781년 대륙연합군과 프랑스군은 버지니아주

요크타운에 있던 영국군을 공격해서 큰 승리를 거두었다.

1783년 미국은 마침내 영국으로부터 독립을 승인받게 되었다. 전쟁이 어렵게 된 영국이 식민지와 강화를 추진했고, 식민지 측 대표인 벤자민 프랭클린Benjamin Franklin·존 애덤스John Adams 등과 교섭하여 가조약을 맺었다. 이어서 영국은 프랑스와 교섭하여 1783년 9월 3일 파리에서 이 조약을 정식으로 승인함으로써 파리강화조약이 성립되었다. 이 조약에 의해 미국 13개 주는 영국으로부터 독립을 승인받았다.

독립을 승인받은 후, 1787년 5월 제헌회의라 불리는 필라델피아 회의를 개최했다. 이 회의를 통해 연방정부 수립을 위한 헌법이 마련되었다. 이후 13개 주 대표들이 이 헌법안을 토대로 타협안을 만들었고, 9월 17일 전문과 7조 21절로 이루어진 헌법안을 통과시켰다.

새로이 제정된 헌법에 의거해 1789년 미합중국을 건국했다. 1월 행정부 수반이 될 대통령과 입법부를 구성할 상·하 양원 의원 선거가 각 주에서 시행되었다. 선출된 의원들을 중심으로 4월 1일에 하원을, 4월 6일에 상원을 개원했다. 그리고 초대 대통령으로 대륙연합군 총사령관 조지 워싱턴이 선출되었고, 그는 4월 30일 뉴욕에서 대통령에 취임했다. 이로써 13개 주가 연합한 미합중국United States of America이 탄생했다.

미국인들이 영국의 식민지 지배에서 독립하여 미합중국을 건국한 과정은 한민족이 일제의 식민지 지배에서 독립하여 대한민국 정부를 수립하는 과정과 거의 같다. 독립선언 → 독립전쟁 → 독립 → 제헌

미국·한국의 독립과 정부 수립 과정

미국		한국	
1776년 7월 4일	독립선언	1919년 3월 1일	독립선언
1783년 9월 3일	파리강화회의에서 독립 인정	1945년 8월 15일	해방
1787년 5월 25일	제헌회의 개최	1948년 5월 31일	제헌국회 개원
1787년 9월 17일	헌법안 통과	1948년 7월 17일	제헌헌법 공포
1789년 4월 30일	미연방정부 수립	1948년 8월 15일	대한민국 정부 수립

국회(의회) 구성 → 헌법 제정 → 국가 건립이라는 같은 과정을 거쳤다. 똑같은 과정을 거쳤지만, 미국인들은 미합중국을 건국했다는 사실보다 독립선언을 더 중요시하고, 이를 기념하고 있다.

　미국인들이 기념하는 것은 '독립기념일'이다. 미합중국을 건국한 1789년보다 독립을 선언한 1776년 7월 4일을 더 중요시한다. 미국인들은 독립을 선언한 7월 4일을 독립기념일로 정해 놓고, 이날을 'Fourth of July'라 부르며 미국의 모든 국민들이 자유와 독립을 쟁취한 기념일로 기리고 있다. 뿐만 아니라 미국의 건국 연원을 미합중국을 건국한 1789년이 아니라, 독립을 선언한 1776년에 두고 있다.

　국가기념일은 각국의 역사와 문화, 그리고 국민의 의식에 기초하여 정하는 것이라 생각된다. 미국은 240여 년의 역사를 가진 나라이다. 한국은 반만 년 가까운 역사가 있는 나라이고, 국민들 대다수는 오랫동안 자주독립국을 유지해 왔다는 역사적 자부심을 갖고 있다. 그러한 우리 민족이 1948년에 대한민국을 건국했다고 주장하며, 건국60년을 기리자고 한다. 더욱이 그 근거와 논리를 미국에서 찾고 있으니, '건국60년'의 근거와 논리가 얼마나 허무하고 맹랑한 일인가.

1948년 건국론의 파급영향

 1948년 건국론이 대한민국을 혼란스럽게 만들고 있다. 이명박 정부가 출범하면서 2008년이 건국60년이 되는 해라며, 정부가 주도하여 건국60년기념사업위원회를 조직하고 각종 기념행사를 벌였다. 1948년 건국론은 이후 박근혜 정부에서도 계속되었고, 광복절을 건국절로 바꾸자는 주장과 함께 역사교과서 국정화를 강행하는 등 대한민국을 혼란스럽게 만든 핵심이 되었다.

 한국민족은 반만 년 가까운 역사를 유지해 오면서 수많은 국가를 세웠다. 고조선·부여·고구려·신라·백제·고려·조선·대한제국·대한민국 등이 그것으로, 세운 국가가 망하면 다시 국가를 세우면서 역사를 유지해 온 것이다. 국가를 세울 때마다 이름이 달랐다.

 우리 역사에서 대한민국이란 국가는 두 차례에 걸쳐 건립되었다. 1919년 4월 11일 중국 상하이에서 국호를 대한민국으로 한 임시정부를 수립했고, 1948년 8월 15일에도 국호를 대한민국으로 한 정부를 수립했다. 1948년 건국론은 1919년에 건립된 대한민국은 인정하지 않고, 1948년의 대한민국만 인정한다는 것이다.

1948년 건국론은 제기될 때부터 잘못된 주장임이 지적되었다. 이명박 정부에서 건국60년을 기념하고 광복절을 건국절로 바꾸자고 할 때, 전공 분야의 역사학자를 비롯하여 역사를 연구하는 학술단체들이 모두 나서서 역사적 사실이 아니라는 점을 지적하고 반대성명을 발표한 일이 있었다.[51] 그리고 대한민국의 건립은 1919년으로 보아야 한다는 각종 연구 성과들이 발표되었고, 필자도 몇 편의 논문을 발표했다.[52] 이러한 연구를 통해 대한민국은 1948년에 건국된 것이 아니라, 1919년에 건립되었다는 사실이 명확하게 밝혀지고 입증되었다.

1948년 건국론은 성립되지 않는다. 대한민국이 1948년에 건국되었다고 하는 것은 역사적 사실이 아니고, 대한민국 헌법에도 위배되며, 상식적으로도 받아들일 수 없는 주장이다. 우려되는 점도 많다. 만일 대한민국이 1948년에 건국되었다고 규정할 경우, 대한민국 정부와 후손들에게 미칠 파급 영향이 결코 간단치 않다.

우리 역사를 왜곡·축소·단절

1948년 건국론은 결코 간단한 문제가 아니다. 그 파급 영향을 생각해야 한다. 만일 대한민국이 1948년에 건국되었다고 한다면, 현재의 대한민국 정부는 물론이고, 우리 국민들과 후손들이 짊어져야 할 문제는 한 두 가지가 아니다.

우선 우리 스스로 우리 민족의 역사를 왜곡·축소·단절시키는 결과가 된다는 점이다. 1919년 4월에 수립되어 해방 때까지 27년간 존립했던 대한민국 임시정부는 우리 민족의 역사이다. 대한민국 임시정부를 수립한 것도 우리 민족이고, 27년 동안 이를 유지·운영했던 주체도 우리 민족이다.

1948년에 대한민국이 건국되었다고 한다면, 이는 대한민국 임시정부의 역사를 부정하는 결과가 된다. 실존했던 우리의 역사를 우리 자신이 부정하는 역사 왜곡인 것이다.

대한민국의 역사를 축소시키는 결과가 되기도 한다. 우리 역사에서 대한민국이란 국가는 1919년에 건립되었다. 그런데 대한민국이 1948년에 건국된 것이라고 하면, 대한민국 임시정부의 역사는 부정되고, 대한민국의 역사는 1948년부터 시작되는 결과가 되고 만다. 대한민국의 98년이란 역사를 69년으로 축소시키는 꼴이다.

우리 민족의 역사를 단절시키는 일이기도 하다. 우리 민족은 반만년 동안 세운 국가가 망하면 다시 국가를 세우며 역사를 유지하고 있다. 그런데 1948년에 건국되었다고 하면, 1910년부터 1947년까지의 역사를 공백화시키는 것이나 다름없고, 이 시기를 우리 민족의 역사에서 단절시키는 결과가 된다.

역사를 왜곡·축소·단절시키는 일은 간단히 생각할 문제가 아니다. 우리 스스로가 우리의 역사를 왜곡하면서, 일본과 중국의 역사왜곡에 대해 어떻게 대응할 수 있겠는가? 그 논리가 아주 궁색해진다. 대한민국 국민들은 일본과 중국에서 자행하고 있는 역사왜곡에 대해 분노하고 있다. 또 정부에서는 일본과 중국의 역사왜곡에 대응하기 위해 동북아역사재단을 설립하고, 역사왜곡에 대한 부당성과 반박 논리를 연구하고 있다. 일본과 중국이 한국은 자신의 역사도 왜곡하지 않느냐고 되묻는다면, 우리가 일본과 중국의 역사왜곡을 비판하고 대응할 명분을 잃게 된다.

역사를 단절시키는 것도 커다란 문제를 불러일으킬 소지가 있다. 무엇보다도 일제 식민지 지배 기간 동안 한민족은 일본이란 국가의 국민이 된다는 점이다. 이렇게 되면 일본군 '위안부' 문제를 비롯하여 일제가 한국인들을 강제 동원하고 박해한 데 대해 정당성을 부여하는 결과가 될 뿐만 아니라, 이에 대한 일본의 책임이나 배상 등을 요구할 수 있는 근거와 논리가 사라지게 된다.

북한을 이롭게 하는 이적행위

1948년 건국론은 민족의 정통성 문제에 있어 북한을 이롭게 하는 이적행위가 된다는 점도 생각해 봐야 한다. 수천 년 동안 역사를 함께 해

온 우리 민족은 일제의 식민지 지배로부터 해방되면서 38선을 경계로 분단되었다. 그리고 1948년에 38선 남쪽에서는 대한민국을, 38선 북쪽에서는 조선민주주의인민공화국을 세웠다. 남과 북에 각각 정권이 수립되면서, 가장 첨예한 문제로 대두된 것은 민족의 정통성이 어디에 있느냐 하는 점이다.

남쪽에서는 대한민국을, 북쪽에서는 조선민주주의인민공화국을 세웠다. 그렇지만 남과 북은 서로를 인정하지 않는다. 서로 '괴뢰'라고 부르거나, '남한·북한' 혹은 '남조선·북조선'이라고 한다. 서로 인정하지 않는 것은 민족의 정통성 문제 때문이다. 남쪽에서는 대한민국이, 북쪽에서는 조선민주주의인민공화국이 민족의 정통성을 갖고 있다고 주장한다.

민족의 정통성이 어디에 있는지를 가늠하는 결정적인 잣대가 있다. 그것은 바로 대한민국 임시정부의 존재다. 대한민국 임시정부의 역사를 우리의 역사로 보는 것과 부정하는 것에 따라 민족의 정통성 문제가 해결된다. 한민족의 역사가 고조선 → 부여 → 고구려·백제·신라 → 고려 → 조선 → 대한제국 → 대한민국 임시정부 → 대한민국으로 이어져 왔다고 하면, 즉 대한민국 임시정부를 우리의 역사로 보면, 북쪽은 근거 없이 세운 괴뢰국가라는 점이 명백해진다.

그런데 대한민국 임시정부의 존재를 부정하게 되면, 남쪽의 대한민국과 북쪽의 조선민주주의인민공화국은 대등한 관계가 된다. 일자는 8월 15일과 9월 9일이란 차이가 있지만, 1948년이란 같은 해에 세워졌고, 대한민국은 '이승만이 세운 나라', 조선민주주의인민공화국은 '김일성이 세운 나라'가 되는 것이다.

북한에서는 대한민국 임시정부의 존재를 인정하지 않는다. 북한에서 많은 역사서들이 간행되었지만, 아예 대한민국 임시정부의 존재에 대해 언급하지 않거나, 언급을 할 경우에도 가혹하리만큼 폄하하거나 평가절하하고 있다.53 그 예로 두 가지를 소개한다.

> 소위 상해임시정부는 … 국내외에서 인민들로부터 자금을 거두어 사복私腹을 채우고 진보적 지사들의 적극적 활동을 반대하여 테러음모를 감행하다가 그것도 부족하여 나중에는 사리사욕을 충족시키기 위하여 조선의 재원財源을 팔아먹었고, 이승만 등 민족반역자도배들은 미제국주의자들의 앞잡이로서 조선을 그들에게 팔아먹는 소위 미국위임통치운동을 진행했던 것이다. 그 후 이 임시정부는 반인민적 집단으로 되었으며 중국 반동두목反動頭目 장개석의 주구로서 진정한 애국운동자들과 가장 애국적 공산주의자들을 학살했고 조선의 외교권을 팔아먹었다.54

> 자산계급출신의 일부 부르죠아민족운동 상층분자들은 해외에서 망명단체를 조작하고 독립운동을 표방하면서 사대주의적인 매국매족행위를 감행했다. 1919년 4월 중순 상해에 있는 프랑스조계지에서 조직된 망명단체인 「림시정부」는 그러한 대표적인 단체의 하나였다.

부르죠아민족운동 상층분자들은 이른바「상해림시정부」를 조작하면서 마치도 그것이 조선독립에서 그 어떤 사변이나 되는 것처럼 요란스럽게 떠들어댔으나 그것은 본질에 있어서 인민들의 대중적인 반일항쟁기세에 편승하여 저들의 정치적 야욕을 채워보려는 투기행위의 산물이었다. 그렇기 때문에「상해림시정부」는 생겨난 첫날부터 부패타락한 부르죠아민족운동 상층분자들의 파벌싸움 마당으로 되었다.55

앞의 것은 『조선민족해방투쟁사』에, 뒤의 것은 『조선전사』에 서술되어 있는 내용이다. 이 외에 북한에서 나온 『조선근대사』, 『조선통사』 등도 이와 크게 다르지 않다. 대한민국 임시정부는 사리사욕을 채우기 위해 국내 인민들에게서 자금을 거두어들이고, 재원과 외교권을 팔아먹는 매국매족 행위를 감행하고, 미국의 앞잡이와 장제스의 주구가 되었으며, 부패타락하고 파벌싸움만 벌인 것으로 서술하고 있다.

북한에서 대한민국 임시정부를 가혹하게 폄하하고, 그 존재를 인정하지 않는 데는 이유가 있다. 가장 큰 이유는 민족의 정통성 문제 때문이다. 대한민국 임시정부의 존재를 인정하게 되면, 민족의 정통성은 대한민국 정부에 있게 된다. 때문에 대한민국 임시정부의 존재를 극구 부정하는 것이다.

1948년 건국론은 의도했건 그렇지 않건 간에 북한의 논리에 동조하는 결과가 될 수 있다. 대한민국 임시정부의 존재를 인정하면 민족의 정통성이 대한민국에 있다는 것, 조선민주주의인민공화국이 괴뢰국이라는 것이 명확하게 드러난다. 이런 점에서 1948년 건국론은 북한을 이롭게 하는 이적행위가 되지 않을 수 없다.

한반도를 일본의 영토로
주장할 빌미 제공

1948년 건국론은 일본에게 한반도를 자기네 영토라고 주장할 빌미를 제공할 우려도 있다. 일본은 독도를 일본의 영토라고 주장한다. 역사적으로 보면 독도는 일본의 땅일 수 없다. 한국과 일본의 많은 역사자료들에 독도는 한국의 영토로 명시되어 있다. 그렇지만 일본은 1905년 시마네현島根縣이 독도를 관할로 고지했다는 것을 근거로 독도를 일본의 영토라고 주장하고 있다.

대한민국이 1948년에 건국되었다고 하면, 1910년부터 1945년까지 한반도에 대한 통치권은 누가 가지고 있었느냐, 즉 어느 국가의 영토였느냐 하는 문제가 대두된다. 이 시기에 한반도에서 통치권을 행사한 것은 일본이었다. 1910년 8월 29일 대한제국이 멸망한 후 일본이 대한제국의 영토였던 한반도를 차지했고, 조선총독부를 설치하여 통치권을 행사했다. 그렇다면 한반도는 1910년부터 1945년까지 일본의 영토였다는 결과가 된다.

시마네현이 독도를 시마네현 관할이라고 고지한 문서는 단 한 건뿐이다. 1905년 1월 28일 일본 내각은 독도를 다케시마竹島라고 명명하고, 시마네현 소속 소관으로 결정했다. 그리고 일본 내무성에서는 각의의 결정을 2월 15일자 훈령 제87호로 관내에 고시하도록 시마네현 지사에게 지령을 내렸다. 지령을 받은 시마네현 지사는 고시 제40호로 이를 고지했다.[56] 이를 근거로 일본은 독도를 일본의 영토로 주장하고 있다.

일본 측이 독도가 일본의 영토라는 주장의 근거로 든 자료는 시마네현이 고지한 문서 한 건에 불과하지만, 조선총독부가 한반도를 통치한 자료는 수없이 많다. 일본에서 직접 총독을 비롯하여 정무총감·경무총감 등 많은 일본인들을 관리로 임명했다. 나아가 조선총독부는 각종 행정부서를 두고 한반도를 35년간 통치하면서, 한반도를 점유하고 통치한 자료들을 수없이 만들어 냈다. 『조선총독부법령집』을 비롯하여 일본이 한반도를 통치한 자료들이 그대로 남아 있다.

조선총독부의 통치 자료에만 그치지 않는다. 한국인들이 창씨개명創氏改名을 한 자료도 수없이 많다. 조선총독부는 1939년 11월 제령 제20호로 한국인들에게 성과 이름을 일본식으로 바꾸라는 내용의 「조선인 씨명에 관한 건」을 공포하고, 온갖 강압적인 방법을 동원하여 창씨개명을 강요했다. 조선총독부의 통계에 의하면 1940년 9월까지 한국인의 약 80%가 창씨개명을 한 것으로 나타나 있다.[57] 해당 자료들은 일본이 한반도를 통치했다는 자료들과 더불어 한국인들이 일본의 국민이었다고 주장할 수 있는 근거를 제공하게 되는 것이다.

앞에서 언급했지만, 대한민국 임시정부는 1919년 9월 11일에 공포한「대한민국임시헌법」을 통해 "대한민국의 강토는 구한제국의 판도로 정함"이라고 명시해 놓았다. 이는 대한제국이 통치했던 한반도가 대한민국의 영토임을 명백하게 천명한 것이다. 대한민국 임시정부를 부정하게 되면, 1910년부터 1945년까지의 한반도는 결과적으로 일본이 통치권을 행사한 일본의 영토가 된다. 이를 근거로 일본이 한반도를 일본의 영토라고 주장할 빌미를 제공하게 된다는 점에서, 크게 우려하지 않을 수 없다.

임시정부에서 '건국' 기념 국경일 제정, 건국기원절(개천절)

대한민국이 1948년에 건국되었다는 것과 더불어 역사를 농단한 것이 또 하나 있다. '건국절'을 제정하고자 한 것이 그것이다. 건국절 문제는 대한민국이 1948년 8월 15일에 건국되었다며, 이를 기념하기 위해 광복절이란 국경일을 없애고 '건국절'을 새롭게 제정하자는 것이 핵심이었다.

'건국절'을 제정하자는 주장은, 앞에서 언급한 『동아일보』 2006년 7월 31일자에 실린 「우리도 건국절을 만들자」라는 칼럼에서 비롯되었다. 글쓴이는 미국 보스턴에 갔다가 미국인들이 건국기념일을 기리는 행사를 보았다고 하면서, 우리도 건국절을 만들자고 주장했다. 그렇지만 미국에는 건국기념일이 없다. 글쓴이가 본 것은 독립기념일 행사였다. 미국인들이 기념하는 독립기념일을 건국기념일로 잘못 알고, 우리도 건국절을 만들자고 한 것이다.

건국절 제정 문제는 2008년 '건국60년' 기념사업을 추진하면서 본격화되었다. '건국60년' 기념사업은 학술회의·강연회 등 다양하게 추진되었는데, 이를 통해 건국절 제정을 주장한 것이다. "그동안 많은 사람들은 8·15 하면 광복절로 받아들였지 건국기념일임을 생각하지 못했고, 건국의 의미가 무엇인가에 대해서는 큰 관심을 가져 오지 않았습니다"라거나[58] "대한민국은 건국을 기념하는 국경일이 없는 아주 희한한 나라입니다. 8·15는 광복절이면서 동시에 건국일로서 국민적 기념의 대상이 되어야 합니다"라며,[59] 건국절을 제정하자고 주장했다.

주장으로만 그치지 않았다. 광복절을 없애고 건국절을 제정하려는 시도도 있었다. 국회의원들이 나서서 건국절을 제정하려고 한 것이다. 2008년 '건국60년' 기념사업이 추진되는 가운데, 당시 여당이었던 한나라당의 일부 의원들이 건국절 제정을 위한 법률안을 발의했다. 이는 역사학계와 광복회 등의 강한 반발에 부딪혔고, 결국 실현되지 못했다. 이러한 시도는 박근혜 정부에서 다시 추진되었다. 당시 여당인 새누리당의 일부 의원들이 주도하여 건국절 제정의 법제화를 시도한 것이다.

건국절을 제정하자고 하였지만, 먼저 확인해야 할 문제가 있었다. 이미 건국을 기념하는 국경일이 있다는 점이다. 개천절開天節이 그것이다. 잘 알려져 있듯이, 개천절은 '단군이 조선을 건국함으로써 민족사가 시작되는 것'을 의미하는 것으로,[60] '우리나라의 건국을 기념하기 위하여 제정한 국경일'이다.

확인해야 하는 과정도 필요했지만, 알아 두어야 할 것도 있다. 개천절을 국경일로 제정한 것은 대한민국 임시정부였고, 대한민국 임시정부는 매년 음력 10월 3일에 기념식을 거행하였다는 사실이다. 그뿐만 아니라 대한민국 임시정부에서 제정하고 기념한 개천절을 대한민국 정부에서 그대로 이어받아 국경일로 삼고 있다는 사실도 알아야 한다.

대한민국 임시정부는 수립 직후 국경일을 제정했다. 임시정부에서 제정한 국경일은 두 가지였다. 하나는 '독립선언일(3·1절)'이다. 이는 1919년 3월 1일 독립선언 발표를 기념하기 위해 제정했다. 다른 하나는 '건국기원절(개천절)'이다. 이는 우리 민족이 국가를 세운 '건국'을 기념하기 위한 것으로, 단군이 나라를 세운 음력 10월 3일을 기념일로 삼았다. 이 외에 기념일도 있었다. 대한민국 임시정부를 수립한 4월 11일을 '헌법발포일(대한민국임시정부성립기념일)', 11월 17일을 '순국선열기념일'로 제정하고, 이를 기념한 것이다.

임시정부는 국무회의와 임시의정원 회의를 통해 국경일을 제정했다. 1919년 12월 1일 국무회의에서 '관등官等, 공문식公文式, 국경國慶, 국경일 명칭國慶日 名稱, 국무회의 세칙國務會議 細則 및 역서안曆書案'에 대해 논의하고, 법제국法制局으로 하여금 「국경안」과 「국경일 명칭안」을 기초하도록 지시했다.[61] 법제국은 국경일에 관한 안을 마련하였고, 이를 임시의정원에 제출했다.

임시의정원은 정부에서 제출한 「국경일안」을 심의 결정했다. 「국경일안」은 제7회 임시의정원 회의에서 다루어졌다. 제7회 임시의정원 회의는 1920년 2월 23일부터 3월 30일까지 열렸고, 「국경일안」은 두 차례의 독회를 거쳤다. 독회 과정에서 양력·음력을 둘러싸고 논쟁이 일어나기도 했지만, '독립선언일'(양력 3월 1일)과 '건국기원절'(음력 10월 3일)을 국경일로 결정했다.[62]

'독립선언일'과 '건국기원절'을 국경일로 제정한 이후, 국경일을 추가 제정하려는 움직임이 있었다. 1922년 개최된 제10회 임시의정원 회의에서 의원 김인전金仁全 등이 "헌법 발포한 4월 11일을 국경일로 정하자"는 제의안을 제출한 것이다.[63] '헌법을 발포한 4월 11일'이란 1919년 4월 11일 대한민국임시헌장을 선포한 것을 말하는 것이고, 동시에 대한민국 임시정부를 수립한 날이기도 하다. 대한민국 임시정부 수립일을 국경일로 정하자는 것이었다. 그렇지만 이는 부결되었다. '헌법발포일은 이미 기념일로 정해져 있고, 이를 국경일로 승격할 필요가 없다'는 것이 그 이유였다.

임시정부에서 역서曆書를 발행했다. 역서는 달력을 말한다. 역서의 발행은 학무부에서 주관했다. 학무부에서 발행한 『대한민국4년역서』가 독립기념관에 남아 있다. 대한민국 4년은 1922년이다. 1922년 역서에 국경일이 표시되어 있다.

국경일로 표기된 것은 '독립선언일'(3월 1일), '헌법발포일'(4월 11일), '개천절'(11월 21일)이다. 1920년에 제정한 국경일은 '독립선언일'과 '건국기원절' 두 가지였는데, 헌법발포일이 추가되었다. 헌법발포일을 표기한 것은 1922년 제10회 임시의정원 회의에서 김인전 등이

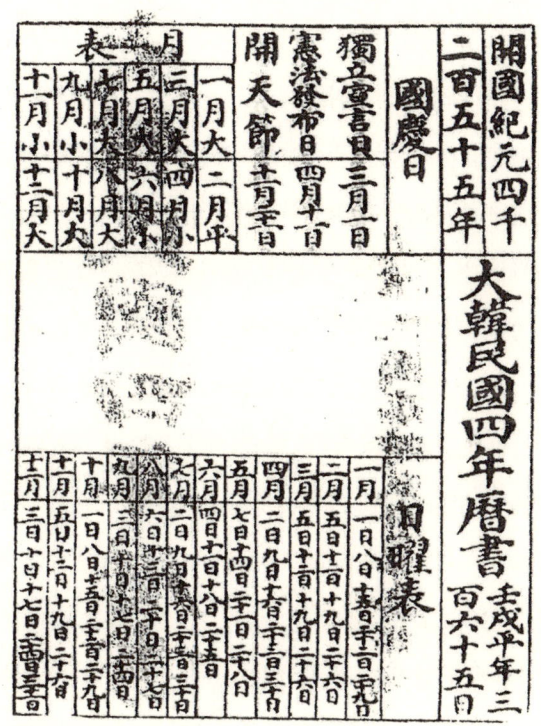

대한민국 임시정부 학무부에서 발행한 「대한민국4년역서」

제안한 '헌법발포일을 국경일로 정하자'는 제의안이 통과될 것으로 예상하고, 역서를 제작했기 때문이 아닌가 생각된다. '건국기원절'이 '개천절'로 표기되어 있다. 이는 당시 대종교 중심의 민간세력에서 개천절이라는 명칭이 폭넓게 사용되고 있었던 때문으로 생각된다.

임시정부에서 제정한 국경일은 '독립선언일'과 '건국기원절' 두 가지였다. 임시정부는 1920년 국경일을 제정한 이후 매년 기념식을 거행했다. 기념식을 거행하면서 '독립선언일'은 '3·1절'이란 명칭으로, '건국기원절'은 '개천절'이란 명칭으로 사용되기도 했다. 명칭은 혼용되었지만, 국경일이 갖는 의미는 변함이 없었다.

'건국기원절' 기념식은 매년 음력 10월 3일에 개최되었다. 음력으로 기념하다 보니, 매년 양력의 일자는 달랐다. 1920년에는 11월 13일에, 1926년에는 11월 7일에, 1943년에는 10월 31일에 건국기원절 기념식을 거행했다.

임시정부가 국경일을 제정하면서 깊게 고려한 점이 있었다고 생각된다. 우선 임시정부를 수립한 4월 11일을 국경일로 정하지 않았다는 점이다. 대한민국 임시정부는 1919년 4월 11일 국호를 대한민국으로 결정하고, 국민주권과 민주공화제를 채택하여 수립되었다. 이전의 대한제국이 군주주권과 전제군주제였다는 점을 생각하면, 대한민국은 완전히 다른 국가였다. 그렇지만 이를 '건국'이라고 하지 않았고, 또 이를 국경일로 제정하지도 않았다. 대한민국이란 국가를 세웠다고 해서 이를 건국이라고 하면, 세계에서 한국민족은 1919년에 처음으로

1926년 11월 7일 거행된 건국기원절 기념식 보도
(『독립신문』 1926년 11월 18일자)

국가를 세운 것으로 알 것이라는 우려가 있었던 것이다. 이러한 우려는 아래의 글을 통해 짐작할 수 있다.

> 우리는 오늘날에 더욱 우리가 5천 년 역사 국가의 민족인 것을 다시금 늦길 것이니 이는 세계만방 중 가장 구원久遠한 역사를 가진 국가민족의 하나로 남먼저 가장 일즉 진화進化됨과 남보다 가장 오래 조직적組織的 정치생활政治生活을 하여옴과 아울너 남에 비比하야 가장 풍다豊多한 문화를 싸흔 것을 이름이라. 모든 점으로 천하만국인天下萬國人에 비比하야 가장 우월탁월優越卓越한 민족인 것을 자각自覺하야써 그에 상당한 자존自存과 자중自重과 자기自期를 가지자.[64]

이는 1926년 건국기원절을 맞아 이를 기념하는 이유를 설명한 글의 일부이다. 이 글 속에는 오랜 역사를 가진 문화민족이라는 자부심이 깊게 배어있다. 우리 민족은 남들보다 먼저 진화했고, 남들보다 먼저 국가를 세워 조직적 정치생활을 해 왔으며, 많은 문화를 쌓았다고 했다. 이런 점에서 우리 민족은 다른 민족들보다 우월하고 탁월한 민족이라는 것이며, 이를 자각하고, 이에 대해 자존自存·자중自重·자기自期를 갖자고 했다.

건국기원절을 국경일로 제정한 것은 이러한 민족적 자부심에 의한 것이었다. 우리 민족은 5,000년의 역사를 가지고 있고, 어느 다른 민족보다도 먼저 국가를 세워 조직적 정치생활을 해왔다는 것을 세계

대한민국 임시정부와 대한민국 정부 국경일 및 기념일 비교

대한민국 임시정부	대한민국 정부
독립선언일(3·1절): 3월 1일	3·1절: 3월 1일
헌법발포일(대한민국 임시정부 성립기념일): 4월 11일	대한민국임시정부수립기념일: 4월 13일
건국기원절(개천절): 음력 10월 3일	개천절: 양력 10월 3일
–	제헌절: 7월 17일
–	광복절: 8월 15일
순국선열기념일: 11월 17일	순국선열기념일: 11월 17일

만방에 알리기 위해서였다. 이를 위해 단군이 나라를 세운 것에서 건국의 기원을 삼고, 국경일로 건국기원절을 제정한 것이다.

알아 두어야 할 것이 하나 더 있다. 대한민국 임시정부에서 제정한 국경일을 대한민국 정부에서도 그대로 따르고 있다는 점이다. 대한민국 정부에서도 국경일을 제정했다. 1949년 10월 1일 '국경일에 관한 법률'(법률 제53호)을 통해 3·1절(3월 1일), 제헌절(7월 17일), 광복절(8월 15일), 개천절(10월 3일)을 국경일로 공포한 것이다.[65] 대한민국 임시정부와 대한민국 정부의 국경일 및 기념일을 비교·정리해 보면 이를 알 수 있다.

대한민국 정부에서 국경일로 새롭게 제정한 것은 제헌절과 광복절이다. 3·1절과 개천절은 임시정부에서 제정하고 기념한 것을 그대로 이어받았다. 다만 개천절의 일자를 음력 10월 3일에서 양력 10월

3일로 바꾸었을 뿐이다. 국경일만 아니라, 기념일도 그대로 이어받았다. '순국선열기념일'은 명칭과 일자가 똑같고, '대한민국임시정부성립기념일'(4월 11일)은 '대한민국임시정부수립기념일'(4월 13일)이라고 했다.[66]

1948년 8월 15일을 기리기 위해 새롭게 '건국절'을 제정하자고 하지만, 이는 이미 기념하고 있다는 것도 알아야 한다. 광복절이 바로 그것이다. 광복절에는 두 가지 의미가 담겨져 있다. 하나는 일제의 식민지 지배에서 해방된 1945년 8월 15일을 기념하고, 다른 하나는 대한민국 정부를 수립한 1948년 8월 15일을 기념하는 것이다. 1945년의 해방과 1948년의 정부 수립을 동시에 기념하고 있는 것이 광복절이다.

광복절이 두 가지를 기념하고 있다는 것은 대한민국 정부에서 국경일을 제정한 과정을 통해 확인할 수 있다. 대한민국 정부에서 처음 국경일을 제정한 것은 1948년 9월이었다. 이때 국무회의에서 8월 15일을 기념하는 명칭을 '독립기념일'이라고 했다. 그런데 '독립기념일'이라는 명칭이 명확하지 않았다. 그것이 1945년 8월 15일을 기리자고 한 것인지, 1948년 8월 15일을 기리자고 한 것인지가 불분명했던 것이다.

1945년 8월 15일과 1948년 8월 15일을 동시에 기릴 수 있는, 즉 해방과 정부 수립이라는 두 가지 의미를 동시에 담을 수 있는 명칭이 필요했다. 두 가지를 모두 포함할 수 있는 명칭으로 고안된 것이 광복절이었다. 광복은 '빛을 되찾다', '잃었던 주권을 되찾다'라는 의미로, 해방과 정부 수립을 모두 담을 수 있는 용어였다. 이에 독립기념일이란 명칭을 광복절로 바꾸었고, 이를 1949년 10월 1일 '국경일에 관한 법률'로 공포한 것이다.

 광복절은 1945년 8월 15일과 1948년 8월 15일을 동시에 기념하기 위해 제정한 국경일이다. 1948년 8월 15일을 기념해야 한다며 건국절을 제정하자고 주장하지만, 이는 이미 광복절이란 국경일로 기리고 있다. 이러한 역사적 사실을 확인조차 하지 않은 채, 광복절을 없애고 건국절을 제정해야 한다는 주장을 하고 있는 것이다. 더욱이 국회의원들이 나서서 건국절 제정을 위한 법안을 발의하기도 했다. 건국절 제정, 불필요한 일일 뿐만 아니라 어이없는 일이 아닐 수 없다.

대한민국은
1919년에 건립되었다

大韓民國臨時政府還國紀念
大韓民國二十七年十一月三日

20세기 전반기는 우리 민족의 역사에서 커다란 변혁의 시기였다. 19세기 후반 이래 거세게 불어닥친 변혁의 소용돌이가 미치지 않은 곳이 없을 정도였고, 이는 많은 것을 바꾸어 놓았다. 1910년 일제에 나라를 빼앗겼고, 1945년까지 식민지 지배를 당하는 민족사의 치욕과 굴욕을 겪게 되었다. 그렇지만 우리 민족은 일제의 침략과 식민지 지배를 극복하기 위해 독립운동을 전개했다. 그리고 그 과정에서 민족의 역사를 크게 뒤바꾸어 놓았다.

독립운동 과정에서 수많은 변화가 있었지만, 가장 커다란 변화로 꼽을 수 있는 것은 '국민주권'과 '민주공화제'의 시작이었다. 우리 민족은 반만 년 가까운 역사를 가지고 있다. 이 동안 국가의 주권은 군주에게 있었고, 정치체제는 전제군주제였다. 수천 년 동안 지속되어 오던 군주주권과 전제군주제의 역사가 사라지고, 국민이 주권을 행사하는 국민주권과 민주공화제로 바뀐 것이다. 이러한 민족사의 대변혁은 독립운동 과정에서 이루어졌다.

국민주권과 민주공화제로의 대전환, 이러한 역사적 변혁은 대한민국 임시정부를 통해 이루어졌다. 1919년 4월 11일 중국 상하이에서 국호를 대한민국으로 한 임시정부가 수립되면서, 우리 민족의 역사가 군주주권에서 국민주권으로, 전제군주제에서 민주공화제의 역사로 바뀐 것이다.

현재 우리가 살고 있는 국가의 이름은 '대한민국'이고, 우리는 대한민국의 국민으로 살고 있다. 우리 민족의 역사에서 대한민국이라는 국가가 건립된 것은 언제일까? 국가의 주권을 국민이 행사하게 된 것은, 그리고 민주공화국이 된 것은 언제부터일까?

우리 민족의 역사에서 대한민국이라는 국가를 건립한 것은 두 번이었다. 첫 번째로 1919년 4월 11일 중국 상하이에서 국호를 '대한민국'으로 한 임시정부, 즉 대한민국 임시정부를 수립했다. 두 번째로 1948년 8월 15일 국호를 '대한민국'으로 한 정부, 즉 대한민국 정부를 수립했다.

그렇다면 대한민국은 언제 수립된 것으로 보아야 하느냐는 문제가 생긴다. 1919년인가, 1948년인가? 이 문제는 매우 간단하다. 1919년에 수립된 대한민국과 1948년에 수립된 대한민국이 어떠한 관계인지를 밝히면 된다. 더욱 명확하게 하려면, 1948년 대한민국 정부를 수립할 때 대한민국 임시정부와의 관계를 어떻게 규정했는지를 파악하면 해결되는 문제이다.

▪ 1919년에 국민주권·민주공화제 정부 수립

국민주권과 공화주의 대두

우리 민족의 역사에서 국민주권과 공화주의에 대한 논의가 일어나기 시작한 것은 개항을 전후해서였다. 개항 이후 서양에 관계된 책들이 국내에 전해지고, 일본·미국 등과 교류가 시작되면서 국민주권과 공화주의에 대한 내용이 알려지게 되었다. 당시 개화지식인들을 중심으로 이에 대한 논의들이 이루어졌다. 그리고 이들이 갑신정변·갑오경장·독립협회로 이어지는 일련의 개화운동을 주도하면서 국민주권과 공화주의가 대두되기 시작한 것이다.

    국민주권과 공화주의에 대한 논의가 표면적으로 나타난 것은 독립협회 운동이 전개되면서였다. 독립협회가 추진한 활동 가운데 민권신장운동과 의회설립운동이 계기가 되었다. 천부인권사상을 바탕으로 한 민권신장운동과 중추원을 개편하여 의회를 설립하고자 한 의회설립운동은 국민의 존재와 전제군주권에 대해 새로운 생각을 갖게 만들었고, 그 활동의 목표가 전제군주권을 제한하고 입헌군주제를 지향하고 있었던 것이다.[1] 이러한 논의는 더 진전되기도 했다. 일부 청년들에게 국한된 것이기는 했지만, 만민공동회가 개최되는 과정에서 정체를 공화국으로 변혁하자는 주장이 대두되기도 했다.[2]

이후 신민회를 중심으로 한 국권회복운동이 전개되는 과정에서 공화정체를 수립하자는 주장이 제기되었다. 1905년 일제에 국권을 침탈당한 후 개화계열 인사들이 주도하여 대한자강회·신민회 등 독립운동단체를 조직하고, 이를 중심으로 애국계몽운동을 전개했다. 애국계몽운동은 그 대상을 국민들로 설정했고, 활동의 목적은 상실당한 국권을 회복하는 데 두었다. 국민의 자강과 실력양성을 도모하여 상실당한 국권을 회복하고자 한 것이다. 이를 주도하던 신민회는 국권을 회복한 후 자유독립국을 세우고, 그 정체를 공화정체로 한다는 데 목표를 두고 있었다.[3]

1910년대에 들어서면서 국민주권과 공화주의가 크게 확대되어 갔다. 전제군주제였던 대한제국의 멸망이 가장 큰 요인이었다. 대한제국이 멸망한 후 일제에게 빼앗긴 나라를 되찾기 위한 독립운동이 국내외 각지에서 전개되었다. 독립운동 세력 중에는 독립 후 대한제국을 복구하자는 복벽주의復辟主義 계열도 있었지만, 새로운 국민주권국가를 건설해야 한다고 주장하는 세력들이 크게 늘어난 것이다.[4]

애국계몽운동을 전개하던 인사들이 독립운동에서 지도적 역할을 수행하게 된 것도 커다란 요인이 되었다. 특히 신민회의 경우는 국외에 독립운동기지를 건설한다는 방침을 정하고, 주요 회원들이 국외 각지에서 독립운동기지를 건설했다. 이회영李會榮·이상룡李相龍 등이 서간도 지역에 독립운동기지를 개척하고 경학사와 신흥강습소를 설치한 것을 비롯하여, 만주와 연해주, 그리고 미주지역 일대에서 각종 단체를 조직하고 독립운동을 전개하기 시작한 것이다. 이로써 독립운동 전선에 국민주권과 공화주의에 대한 인식이 확산되어 갔다.

1910년대 국제정세의 변화도 국민주권과 공화주의가 확산되는 데 큰 영향을 끼쳤다. 1911년 중국에 신해혁명이 일어나 청나라가 무너지고 중화민국이 탄생했다. 이어 제1차 세계대전이 일어났다. 1917년에는 러시아에서 혁명이 일어나 제정러시아가 붕괴되고 소비에트연방이 수립되는 변화가 있었다. 만주를 비롯하여 중국과 연해주 지역을 중심으로 활동하던 독립운동 세력은 이러한 국제정세 변화에 영향을 받지 않을 수 없었다.

공화주의 계열이 점차 확대되어 갔지만, 독립운동전선에는 군주권을 옹호하고 대한제국을 복구하자는 복벽주의 계열도 적지 않았다. 위정척사와 존왕양이尊王攘夷라는 사상적 기반을 두고 한말 의병을 일으켜 일제와 항쟁하던 세력이 그들이었다. 이들은 대한제국이 멸망한 후에도 국내외 각지에서 의병들을 중심으로 세력을 결집하여 활동하면서, 독립운동의 한 주류를 이루고 있었다.[5]

이 외에 보황주의保皇主義 세력도 있었다. 광무황제를 옹립하여 망명정부를 수립하려는 세력이 그들이었다. 연해주에서 의병 계열 인사들이 중심이 되어 조직한 13도의군十三道義軍이 광무황제의 탈출을 시도한 일이 있었고, 1915년 이상설·박은식 등이 베이징에서 신한혁명당을 조직하여 광무황제의 망명을 추진하기도 했다.[6] 후자의 경우는 독일과 연계하기 위한 목적도 있었지만, 중국에서 나타나고 있던 입헌군주론의 영향도 적지 않았다.

이와 같이 전제군주제였던 대한제국이 멸망한 후, 독립운동을 전개하면서 독립 후 어떠한 정체의 국가를 건설할 것이냐 하는 문제와 관련하여 크게 세 계열로 나뉘었다. 군주권을 옹호하고 대한제국을 복구하자는 '복벽주의', 국민주권 국가를 건설하고자 하는 '공화주의', 광무황제를 옹립하고자 한 '보황주의'다. 그리고 이들은 각기 독자적인 세력을 형성하고 단체를 조직하며 독립운동을 전개하고 있었다.

임시정부의 민주공화제 채택

1910년 8월 일제에 국토와 주권을 빼앗기고 식민지 지배를 당하게 되면서, 이를 극복하기 위한 독립운동이 국내외에서 전개되었다. 독립운동의 목표는 일제에 빼앗긴 국토와 주권을 회복하여 새로운 민족국가를 건설하는 것이었다. 독립을 쟁취하는 단계까지는 목표가 같았지만,

1917년 상하이에서 활동하던 인사들이 발표한 「대동단결선언」
1910년 8월 29일 대한제국이 멸망한 것을 융희황제가 주권을 포기한 것으로 설명하고, 군주가 포기한 주권을 국민이 계승하자고 했다.

독립 후 어떠한 정체의 국가를 건설할 것인가에 대해서는 복벽주의·공화주의·보황주의로 나뉘어졌다.

1910년대의 독립운동은 이러한 세 세력이 혼재하고 대립하는 양상을 띠면서 전개되었다. 이 과정에서 국민주권과 공화주의로 기울어지는 계기가 있었다. 바로 1917년에 발표된 「대동단결선언大同團結宣言」이다. 「대동단결선언」은 중국 상하이를 중심으로 활동하고 있던 박은식·신규식·조소앙 등 17명의 명의로 발표된 것으로, 전민족이 대동단결하여 정부를 수립할 것을 제안한 선언이었다.[7] 임시정부 수립을 제안하면서 국민이 주권을 계승해야 하는 당위성과 국민주권국가를 수립해야 하는 의무를 논리적이고 설득력 있게 설명하고 있다.

융희황제가 삼보三寶를 포기한 8월 29일은 즉 오인동지吾人同志가 삼보를 계승한 8월 29일이니 기간其間에 순간瞬間도 정식停息이 무無함이라. 오인동지吾人同志난 완전한 상속자相續者니 피제권소멸彼帝權消滅의 시時가 즉 민권발생民權發生의 시時오 구한최종舊韓最終의 일일一日은 즉 신한최초新韓最初의 일일一日이니 하이고何以故오 아한我韓은 무시이래無始以來로 한인韓人의 한韓이오 비한인非韓人의 한韓이 아니라 한인간韓人間의 주권수수主權授受난 역사상歷史上 불문법不文法의 국헌國憲이오 비한인非韓人에게 주권양여主權讓與난 근본적根本的 무효無效오 한국민성韓國民性의 절대불허絕對不許하난 바이라.

고로 경술년庚戌年 융희황제의 주권포기主權拋棄난 즉 아국민동지我國民

同志에 대對한 묵시적默示的 선위禪位니 아동지我同志난 당연當然히 삼보三寶를 계승繼承하야 통치統治할 특권特權이 있고 또 대통大統을 상속相續할 의무義務가 유有하도다. 고故로 이천만二千万의 생령生靈과 삼천리三千里의 구강舊疆과 사천년四千年의 주권主權은 오인동지가 상속相續하엿고 상속하난 중中이오 상속할 터이니 오인동지난 차此에 대하야 불가분不可分의 무한책임無限責任이 중대重大하도다.[8]

"융희황제가 삼보三寶를 포기한"이라는 문구에서 '삼보'는 국민·주권·영토를 일컫는 것으로, 곧 대한제국을 지칭한다.「대동단결선언」은 1910년 8월 29일 대한제국의 멸망을 융희황제가 주권을 포기한 것으로 설명하고 있다. 군주가 주권을 포기함으로써 군주권은 소멸되었고, 군주권의 소멸과 동시에 국민주권이 발생하게 되었다는 논리다.

동시에 군주국인 구한국에서 국민주권국가인 신한국으로 교체되었다고 했다. 즉 융희황제가 주권을 포기한 것은 국민에게 주권을 선위한 것이고, 이에 따라 군주가 행사하고 있던 주권을 국민이 상속해야 한다는 논리다. 따라서 융희황제가 주권을 포기한 바로 그 순간부터 국민이 주권을 행사해야 한다는 것이었다.

이는 국민주권의 역사성과 당위성을 이론화한 것으로, 국민주권설을 입론立論하는 논리가 특수했다. 서양의 천부인권론이나 사회계약론을 원용한 논리가 아니라, 민족의 역사와 정통성을 의식한 특수성이 있다는 점에서 의미가 크다. 대한제국의 융희황제와 관련지어 군주권에서 국민주권으로 넘어가는 관계를 이론화함으로써, 국민주권설에 현실감과 설득력을 부여했다. 이를 계기로 국내외 독립운동자들 사이에 국민주권설에 대한 공감대가 크게 형성되었고, 복벽주의와 보황주의는 상대적으로 쇠퇴하게 되었다.

국민주권과 공화주의에 대한 공감대가 크게 확산되어 가는 가운데 3·1운동이 일어났다. 3·1운동은 남녀노소, 신분의 차이를 불문하고 전 민족이 참여하여 전개한 대규모 독립운동이었다. 초창기 일부 지방에서는 고종황제의 죽음에 대해 슬퍼하고 애도하는, 즉 신민의식 臣民意識에 의해 참여한 경우도 있었다.[9] 그렇지만 국민들은 만세시위운동에 참여하면서 자신을 보국保國의 주체로 자각하게 되었다. 3·1운동이 국민들의 주권에 대한 의식을 전환시킨 중요한 계기로 작용한 것이다.

3·1운동을 계기로 공화주의가 수용되었다. 3·1운동의 커다란 성과 중 하나는 대한민국 임시정부를 수립한 것이었다. 3·1운동이 확산되어 가던 3월과 4월 사이에 국내외에서 임시정부가 수립되었다. 3월 17일 노령에서 대한국민의회가 성립되었고, 4월 11일에는 중국 상하이에서 대한민국 임시정부가, 그리고 4월 23일에는 국내에서 한성정부가 수립을 선포했다. 세 임시정부가 모두 민주공화제를 채택한 것이다.

대한국민의회는 연해주 지역에서 활동하던 한인들이 중심이 되어 조직했다. 3·1운동이 발발하자 러시아 지역 한인들의 대표적 단체였던 전로한족회중앙총회를 확대·개편하여 조직한 것이 대한국민의회이다. 대한국민의회는 명칭으로 보면 의회나 다름없었다. 그러나 소비에트제를 채용하고 있었기 때문에 의회로서의 기능뿐만 아니라, 사법·행정의 기능도 수행하고 있었다.[10]

　상하이에서 수립된 대한민국 임시정부는 3·1독립선언이 발표된 직후 국내외 독립운동자들이 모여 조직한 것이다. 3·1독립선언이 발표된 후 국내외에서 활동하던 많은 인사들이 상하이로 모여들었다. 3·1독립선언을 통해 '독립국'임을 선언했고, 그 '독립국'을 세우기 위해서였다. 이들 중 29명의 대표가 참가한 가운데 임시의정원 회의를 개최했다. 이 회의를 통해 국호를 대한민국으로 결정하고, 국무총리를 행정수반으로 한 임시정부를 수립한 것이다.[11] 임시정부 수립과 더불어「대한민국임시헌장」을 제정 공포했다. 「대한민국임시헌장」은 임시정부의 헌법이었다. 임시헌장 제1조는 "대한민국은 민주공화제로 함"이라고 했다.[12] 임시정부가 민주공화제를 채택, 민주공화제 정부를 수립한 것이다.

　한성정부는 국내에서 수립되었다. 3·1운동이 발발한 후 홍진·이규갑을 비롯한 국내 인사들이 비밀리에 정부 수립을 추진했다. 이들은 인천 만국공원에서 13도대표자대회를 소집하여 국민을 기반으로 한 정부를 수립하고, 4월 23일 국민대회라는 형식을 거쳐 정부 수립을 세상에 알렸다. 수립을 선포하면서 각원 명단과 함께 5개 항의 결의안과 약법約法을 발표했다. 그 약법에 "국체國體는 민주제民主制, 정체政體는

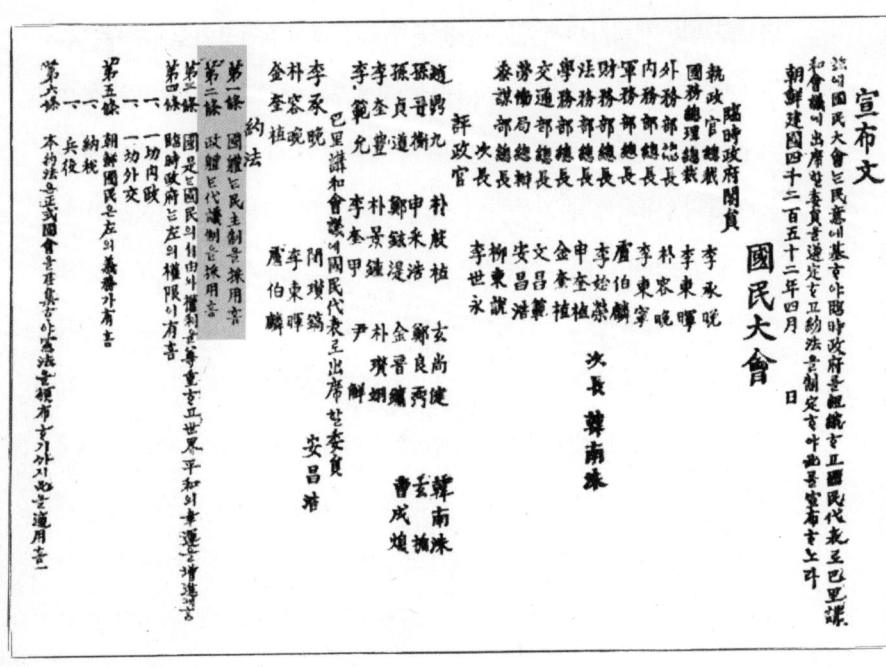

1919년 4월 23일 국내에서 수립된 한성정부의 선포문
헌법인 약법에 국체는 민주제, 정체는 대의제를 채용한다고 했다.

대의제代議制"를 채택한다고 했다.[13]

  이와 같이 3·1운동의 산물로 수립된 세 곳의 임시정부가 그 표현이나 방법은 달랐지만, 모두 민주공화제를 채용했다. 임시정부가 민주공화제를 채택하면서 군주주권국가에서 국민주권국가로, 전제군주제에서 민주공화제로 바뀌는 역사적 대전환을 이루게 된 것이다. 이후 임시정부는 정부로서의 조직을 유지·운영하면서 민주공화제를 정착시켜 갔다.

▪ 민주공화제의 운용과 발전

헌법의 제정

임시정부는 헌법을 기초로 하여 운영되었다. 헌법을 제정하고, 이를 근거로 하여 임시정부를 운영한 것이다. 임시정부의 헌법은 1919년 4월 수립 당시 「대한민국임시헌장」으로 제정 공포되었다. 이후 1919년 9월에 「대한민국임시헌법」, 1925년 4월에 「대한민국임시헌법」, 1927년 4월에 「대한민국임시약헌」, 1940년 10월에 「대한민국임시약헌」, 그리고 1944년 4월에 「대한민국임시헌장」이란 이름으로 5차례에 걸쳐 개정되었다.[14]

    수립 당시 제정한 임시헌장은 10개 조로 된 선언적 규정이었다. 구성이나 내용은 매우 간략했지만, 이는 한국 역사상 매우 중요한 의미를 갖는 헌법이었다. 제1조에 "대한민국은 민주공화제로 함"이라

명시하여, 임시정부의 정체를 민주공화제로 한 것이다. 그리고 임시정부는 임시의정원의 결의에 의하여 통치한다는 대의제代議制와 남녀평등을 비롯하여 인민의 자유(언론·출판·집회·결사·신체 등), 권리(선거권·피선거권), 의무(교육·납세·병역) 등을 규정했다.[15] 민주주의 원리에 기초하여 헌법을 제정했으며, 한국 역사상 최초로 민주공화제 정부를 수립한 것이다.

이후 임시정부는 이를 개정하여 더 구체적인 헌법을 마련했다. 임시헌장이 조급하게 마련된 점도 있었고, 임시적인 정부라 해도 10개 조로 구성된 헌장으로는 원활하게 운영할 수가 없었다. 게다가 노령의 대한국민의회와 국내의 한성정부와 통합을 이루어 통합정부를 구성하게 되면서, 이를 운영할 헌법이 필요하게 되었다. 이에 따라 임시헌장을 기본으로 삼아 헌법 개정 작업에 착수했고, 1919년 9월 11일 「대한민국임시헌법」을 공포했다.

개정된 임시헌법은 전문과 총 8장 58개 조로 구성되었다.[16] 헌법의 기본 정신은 임시헌장과 다르지 않았지만, 사실상 새로이 제정한 것이나 마찬가지였다. 임시헌장에서 명문화하지 않았던 주권재민主權在民을 비롯하여 정부형태로 대통령제를 채용하고 삼권분립 체제를 규정한 것이다. 제1장 강령, 제2장 인민의 권리와 의무, 제3장 임시대통령, 제4장 임시의정원, 제5장 국무원, 제6장 법원, 제7장 재정, 제8장 보칙으로 구성된 「대한민국임시헌법」은 근대 헌법의 체제를 갖춘 헌법전憲法典이라고 할 수 있었다.[17]

임시헌법이 제정되면서 임시정부는 민주공화제 정부로서의 모습을 갖추게 되었다. 민주공화제 정부로서의 골격은 제1장 강령에 담겨 있다. 우선 주권재민主權在民을 규정했다. 제2조에 "대한민국의 주권은 대한인민 전체에 재함"이라고 하여, 국가의 주권이 국민에게 있음을 명문화한 것이다. 그리고 제5조에 "대한민국의 입법권은 의정원이 행정권은 국무원이 사법권은 법원이 행사함"이라고 하여, 입법·행정·사법의 3권을 분립했다. 정부의 형태는 제6조에 규정해 놓았다. "대한민국의 주권 행사는 헌법 범위 내에서 임시대통령에게 위임함"이라고 하여, 대통령 중심제로 명시했다.

이후의 조항들은 이를 실현하기 위한, 또 정부 운영을 위한 내용들을 담고 있다. 제2장은 '인민의 권리와 의무'라는 주제로 인민의 자유·권리·의무에 대한 세부적인 내용을, 그리고 제3장 '임시대통령'에서는 대통령의 위상·자격·직권 등을 규정해 놓았다. 이에 의하면 대통령은 국가를 대표하고, 임시의정원에서 투표로 선거하며, 육해군 통솔·문무관 임명·임시의정원 소집·계엄선포 등의 직권을 행사한다고 했다.

이어 입법·행정·사법부의 운영과 관련한 구체적 사항들을 규정했다. 입법기구는 임시의정원이었다. 제4장 '임시의정원'에서는 의정원은 의원으로 조직하고, 각도에서 3인 혹은 6인의 의원을 선거하며, 법률안 의결권과 정부의 예산결산 의결권, 임시대통령 선거 및 탄핵, 국무원과 대사 임명 동의권 등의 직권을 갖는다고 했다. 행정부는 국무원으로, 국무총리와 각부 총장으로 구성하고, 내무·외무·군무·법무·학무·재무·교통의 각 부를 설치하여 행정사무를 분장한다고 했다. 제5장은 '법원'으로 "사법관은 독립하야 재판을 행하고 상급관청의 간섭을 수受치 아니함"이라 하여, 사법권의 독립을 선언하고 있다.

　1919년 4월 11일에 공포한 임시헌장이 민주공화제를 선언한 것이었다면, 9월 11일에 개정한 임시헌법은 민주공화제 정부를 유지·운영하기 위한 구체적인 사항을 마련한 것이었다고 할 수 있다. 이 임시헌법이 임시정부를 유지·운영하는 기본 골격이 되었다. 대통령제를 중심으로 한 임시정부의 조직과 체제는 이 임시헌법을 따른 것이었고, 임시정부의 제반 운영도 임시헌법에 의해 이루어지게 된 것이다.

　이후 임시정부는 네 차례에 걸쳐 헌법을 개정했다. 독립운동의 여건과 임시정부가 처한 상황 변화가 헌법을 개정하게 만든 주요한 요인이었다. 1925년 4월에는 이승만 대통령의 탄핵과 이에 따라 국무령제國務領制로 개편하기 위해, 1927년 4월에는 임시정부 침체의 타개와 집단지도체제인 국무위원제國務委員制로 개편하기 위해, 1940년 10월에는 충칭에 정착하여 전시체제에 부응하고 단일지도체제인 주석제主席制로 개편하기 위해, 그리고 1944년 4월에는 좌우연합정부 구성과 일제의 패망을 예상하면서 이에 대비할 필요에 따라 헌법을 개정했다.[18]

　헌법을 개정할 때마다 여러 변화가 있었고, 각 헌법마다 특징도 있었다. 헌법을 개정할 때마다 정부형태와 권력구조가 변했다.

임시정부 헌법과 지도체제의 변화

1차 개헌(1919. 9. 11)	대통령 중심제
2차 개헌(1925. 4. 7)	국무령제
3차 개헌(1927. 4. 11)	국무위원 중심의 집단지도체제
4차 개헌(1940. 10 .9)	주석지도체제
5차 개헌(1944. 4. 22)	주석, 부주석 지도체제

1919년에는 대통령 중심제, 1925년에는 국무령을 중심으로 한 내각 책임제, 1927년에는 집단제도체제에 의한 관리정부 형태, 1940년과 1944년에는 주석제를 중심으로 한 절충식 정부 형태로 바뀌었다.[19] 1919년의 헌법에는 구황실 우대 조항이 들어 있고, 1944년 헌법에는 지방자치제를 표방했다는 특징도 있었다.

이와 같이 임시정부는 1919년 4월 수립 당시 민주공화제를 채택하고, 이에 따른 헌법으로 임시헌장을 제정 공포했다. 이후 모두 다섯 차례에 걸쳐 헌법을 개정했다. 독립운동 체제에 따른 약헌約憲도 있었는데, 이는 민주공화제 정부로서의 조직과 체제를 갖추기 위한 헌법이었다. 초기 헌법에 구황실 우대 조항이 들어 있기는 했으나, 임시정부의 헌법은 민주공화제를 표방하고 개정을 거듭하면서 발전해 나갔다.

정부의 지도체제

임시정부는 민주공화제를 채택하고, 이를 유지·운영하기 위한 조직과 체제를 마련해 나갔다. 정부의 유지·운영을 위한 조직과 체제 가운데 가장 중요한 문제는 정부를 이끌어 갈 지도체제였다. 임시정부의 지도체제는 1919년 9월 노령·상하이·한성에서 수립된 세 임시정부를 통합하는 과정에서 갖추어졌다.

수립 당시에는 각 임시정부마다 지도체제가 달랐다. 상하이에서 수립된 임시정부는 국무총리를, 국내에서 수립된 한성정부는 집정관총재를 수반으로 했다. 정부를 조직한 지역과 인적 기반이 달랐던 것이 주요한 요인이었다. 상하이에서는 내각제를 상정한 국무총리를 수반으로 했지만, 국내는 사정이 달랐다. 보수적 유림들과의 관계가 있었고,[20] 그 산물이 집정관총재였다. 집정관총재는 로마 공화정 시대에 왕권을 대신해서 권력을 장악한 최고 행정관인 '집정관'에서 차용한 것으로 추측되며, 보수 세력을 끌어안기 위해 공화제와 제국식을 절충한 형태로 보인다.[21]

이후 지도체제와 관련한 문제는 의외의 곳에서 일어났다. 그 핵심에는 이승만이 있었다. 당시 미국에서 활동하고 있던 이승만은 상하이에서는 국무총리로, 한성정부에서는 집정관총재로 선출되었다. 상하이와 한성정부에서 각각 선출을 통보받은 후, 이승만은 워싱턴에 사무실을 마련하고 활동하기 시작했다. 이때 이승만이 집정관총재를 영

어로 'President'라고 번역, 대외적으로 '대통령'이란 호칭을 사용하기 시작한 것이다.[22]

이승만의 대통령 칭호를 둘러싸고 상하이 임시정부와 이승만 사이에 커다란 마찰이 일어났다. 상하이 임시정부 측은 이승만을 대통령으로 선출한 일이 없으므로 대통령으로 행세하는 것은 헌법 위반이라고 이승만에게 경고하면서, 대통령 칭호를 사용하지 말 것을 요청했다.[23] 그러나 이승만은 이 요청을 받아들이지 않았다. 그는 이미 대통령 명의로 각국에 국서를 보냈기 때문에 대통령 명칭을 변경할 수 없고, 또 명칭 문제로 대립 분열상을 보이면 독립운동에 큰 방해가 될 것이라며 대통령 명칭 사용을 고집했다.

대통령 명칭을 둘러싸고 마찰이 심각해지자, 상하이 임시정부 측에서 이를 해소하기 위한 방안을 마련했다. 당시 내무총장으로서 국무총리를 대리하고 있던 안창호가 노령 측과 통합을 추진하면서 해결방안을 제시한 것이다. 안창호는 임시정부가 이승만과 대립을 지속하면 정부가 둘이라는 인상을 주게 된다고 하면서, 우리 정부의 유일무이함을 표시하기 위해 "상하이정부를 희생하고 한성정부를 승인함이 온당하다"고 역설하며, 이를 위해 헌법의 개정과 임시정부의 개조를 주장했다.[24] 한성정부를 정통 정부로 인정하고, 이를 중심으로 세 곳의 임시정부를 통합하자는 것이었다. 그리고 통합정부의 각원은 한성정부의 것을 그대로 하고, 헌법은 국무총리제에서 대통령제로 개정할 것을 제안했다.

이러한 안창호의 제안은 정부안으로 입안되어 임시의정원에 제출되었다. 임시의정원에서는 1919년 9월 6일 정부안으로 제출된 「임시정부 개조 및 임시헌법 개정」을 통과시켰다.[25] 이로써 임시정부를 개조하는 형식으로 세 곳의 정부가 통합을 이루게 되었고, 지도체제는 국무총리제에서 대통령제로 바뀌었다. 그리고 이승만과 이동휘를 임시대통령과 국무총리로 선출하여, 9월 11일 개정 헌법의 공포와 더불어 통합정부의 출범을 선언했다.[26] 이로써 임시정부의 지도체제가 대통령제로 정립되었다. 개정한 헌법 제11조에 의하면 임시대통령은 "국가를 대표하고 정무를 총람하며 법률을 공포함"이라고 되어 있다.

　임시정부는 수립된 지 5개월여 만에 임시대통령을 최고 책임자로 한 지도체제를 갖추었다. 그러나 대통령제는 오래 유지되지 못했고, 이후 임시정부의 지도체제는 여러 차례 바뀌었다. 제도의 운영에서 드러난 문제도 주요한 원인이 되었고, 임시정부가 처한 상황의 변화도 지도체제를 바꾸게 만들었다. 지도체제를 변경할 때에는 반드시 헌법을 개정하여 헌법에 의해 변경하는 절차를 밟았다.

　1925년 헌법을 개정하면서 대통령제를 폐지하고, 국무령제를 채택했다. 대통령제가 원만하게 운영되지 못한 데 따른, 또 제도의 비미에 따른 조처였다. 가장 큰 원인은 대통령 이승만이 상하이에 부임하지 않고 미국에서 그 역할을 수행했기 때문이었다. 이에 따라 미국에 있는 대통령과 상하이에 있는 국무총리를 비롯한 정부 인사들 사이에 많은 잡음과 마찰이 일어났고, 이것이 대통령에 대한 불신임과 탄핵으로 비화되기에 이르렀다. 제도가 미비한 점도 원인이 되었다. 1919년 9월 제정한 임시헌법에는 대통령 임기가 제한되어 있지 않았을뿐더러, 대통령이 국무원이나 의정원과 마찰을 빚게 되었을 때 해결할 방도가 없었던 것이다.[27]

이러한 요인들로 인해 임시의정원에서 헌법을 개정하자는 논의가 일어났다. 헌법의 개정은 대통령의 탄핵과 함께 추진되었다. 1925년 3월 '대통령으로서 직무지를 떠나 임시정부를 돌보지 않음' 등의 이유로 「임시대통령 이승만 탄핵안」이 제출되었고, 의정원은 심판위원회의 조사와 심의를 거쳐 「임시대통령 면직안」을 결의했다.[28] 대통령이 의정원에서 탄핵을 당한 것이다. 이어 의정원에서는 3월 23일 박은식을 후임 대통령으로 선출했다.[29] 이승만에 이은 제2대 대통령이었다.

대통령의 탄핵과 더불어 헌법도 개정했다. 임시헌법개정기초위원회에서 마련한 「임시헌법개정안」이 1925년 3월 30일 의정원에 제출되어 통과된 것이다.[30] 헌법 개정의 기본 취지는 대통령제로 인한 폐단을 없애자는 것이었고, 그 핵심은 대통령제를 국무령제로 바꾸는 데 있었다. 개정된 헌법 제4조는 "임시정부는 국무령과 국무원으로 조직한 국무회의 결정으로 행정과 사법을 총판(總辦)함"이라 했고, 제5조는 "국무령이 국무회의를 대표한다"고 했다. 임시정부 최고 책임자의 명칭을 국무령이라고 정한 것이다. 이로써 임시정부의 지도체제가 대통령제에서 국무령제로 바뀌게 되었다.

대통령제의 폐단을 없애기 위해 국무령제를 마련했지만, 국무령

이승만 대통령 탄핵과 박은식 대통령 선출을 고지한
『대한민국임시정부공보』제42호(1925년 4월 30일자)
임시의정원은 1925년 3월 18일 이승만 대통령을 탄핵하고,
3월 23일 제2대 대통령으로 박은식을 선출했다.

대한민국은 1919년에 건립되었다

이상룡 국무령의 취임을 보도한 『독립신문』 호외(1925년 9월 25일자)

1925년 4월 헌법을 개정하여 대통령의 명칭을 국무령으로 바꾸고,
초대 국무령에 이상룡을 선출하여 1925년 9월 24일 취임식을 거행했다.

홍진 국무령의 취임을 보도한 『독립신문』 기사(1926년 9월 3일자)
홍진은 1926년 7월 7일 임시의정원에서 국무령에 선출되었고, 다음 날인 7월 8일 취임했다.

제는 제대로 운영되지 못했다. 선출된 국무령이 내각을 조직하지 못하거나 취임하지 않은 것이 큰 이유였다. 초대 국무령에는 이상룡李相龍이 선출되었다. 그는 1925년 9월 국무령에 취임했지만, 내각을 조직하지 못한 채로 있다가 다음 해 2월 사임하고 만주로 돌아갔다.[31] 이후 선출된 양기탁과 안창호는 취임하지 않았다. 1926년 7월 홍진이 국무령에 취임하면서, 비로소 국무령제가 시행되었다.[32] 그러나 홍진 역시 유일당운동을 추진하기 위해 6개월 만에 사임하고 말았다. 1926년 12월 김구가 국무령에 취임하면서 국무령제가 명맥을 잇게 되었다.

국무령에 취임한 김구는 곧바로 헌법 개정에 착수했다. 국무령 지도체제 하에서는 내각 구성이 어렵다는 생각이 있었고, 또 임시정부를 유지할 방안을 마련하기 위해 헌법을 개정하고자 했다.[33] 이에 따라 약헌기초위원회에서 개헌안이 마련되었고, 이는 의정원을 통과하여 1927년 4월 11일 「대한민국임시약헌」으로 공포되었다. 개헌의 가장 큰 특징은 대통령·국무령 등의 정부 수반을 없애고 집단지도체제인 국무위원회로 바꾼 것, 그리고 "대한민국의 최고 권력은 임시의정원에 있음"이라고 명기하여 정부보다 의정원의 위상을 강화시킨 것이었다.[34]

이로써 임시정부의 지도체제가 다시 국무령제에서 국무위원제로 변경되었다. 국무위원제는 국무위원으로 조직된 국무회의를 최고 기구로 삼아 국정을 운영하는 제도였고, 국무위원은 5인 이상 11인 이하로 정했다. 이에 대해서는 「대한민국임시약헌」 제28조에 "임시정부臨

大韓民國臨時政府公報

第五十四號

大韓民國八年十二月十七日

臨時政府通信處　上海郵務信箱七三四號

臨時政府

◉ 國務領選任及解任

國務領洪震은 十二月九日에 屆期依하야 免職되다

十二月十日에 臨時議政院에서 金九를 國務領으로 選擧하다

◉ 國務員의 選任及解任

國務員李裕弼은 願에 依하야 解任되다

國務員趙尙燮은 願에 依하야 解任되다

國務員崔昌植、趙鼎九은 辭職願에 依하야 解任되다

國務員金應燮、趙鏞殷은 辭職願에 依하야 解任되다

十二月九日

十二月九日

十二月九日

十二月九日

李圭洪、尹琦燮、金甲、金澈、吳永善을 國務員으로 選任되다

國務員吳永善은 軍務長으로 選任하다

國務員李圭洪은 外務長으로 選任하다

國務員尹琦燮은 內務長으로 選任하다

國務員金甲은 財務長으로 選任하다

國務員金澈은 法務長으로 選任하다

十二月十四日

十二月十六日

十二月十六日

十二月十六日

十二月十六日

◉ 特別事項

議長宋秉祚氏 辭免되다

議員李東寧氏 議長으로 選任되다

臨時議政院 秘書郭憲氏 辭免되다

議員趙琬九 臨時議政院 秘書로 任命되다

臨時議政院에서 金院委員會를 設하기로 決하고 議員金昌淑氏 金院委員長으로 當選되다

副議長崔錫淳 辭免되다

陸員李圭洪이 副議長으로 選任되다

殷樸柱가 臨時議政院 秘書로 任命되다

十一月二十二日

十一月二十四日

十一月二十六日

十二月一日

十二月六日

十二月七日

十二月八日

十二月十三日

국무령 김구의 선출을 고지한
『대한민국임시정부공보』 제45호(1926년 12월 17일자)
임시의정원은 1926년 12월 10일 김구를 국무령으로 선출했다.

時政府는 국무위원國務委員으로 조직한 국무회의國務會議의 의결로 국무國務를 총판總辦함. 국무위원은 5인 이상 11인으로 함"이라고 되어 있다.

국무위원 가운데 1인을 주석으로 선출하도록 되어 있었지만, 주석은 국무위원들이 교대하여 맡는 회의 주관자에 불과한 존재였다. 정부 내각을 구성할 수 없는 상황에서 임시정부를 유지하기 위해, 정부 수반을 두지 않고 국무회의를 최고기구로 한 집단지도체제라는 방안을 선택한 것이다.

국무위원회제는 1940년까지 지속되었다. 오랜기간 지속된 것은 제도의 장점 때문이라기보다는 임시정부가 처한 상황이 더 크게 작용했다. 임시정부는 1932년 윤봉길 의사의 홍커우공원 의거 직후 상하이를 떠나 1940년 충칭에 정착할 때까지 중국 대륙 여러 곳으로 옮겨다녀야 하는 상황이었다. 흔히 임시정부의 '이동기'라 부르는 이 시기는 피난생활이나 다름없었다. 국무위원제는 정부의 조직을 유지하기에는 편리했지만, 독립운동을 수행하는 데는 적합하지 않았다. 구심점이 없다는 것이 가장 큰 약점이었다.[35]

임시정부는 1940년 충칭에 정착하면서 국무위원제를 주석제로 바꾸었다. 전시체제에 부응하기 위한 조처였다. 임시정부가 충칭에 정착할 무렵에는 1937년 발발한 중일전쟁이 확산되고 있었고, 유럽에서는 제2차 세계대전이 일어나는 등 국제정세가 크게 변화하고 있었다. 내부에서도 민족주의 세력들이 모두 임시정부로 집결했고, 1940년 5월 민족주의 계열 3당이 통합을 이루어 한국독립당을 결성하고 임시

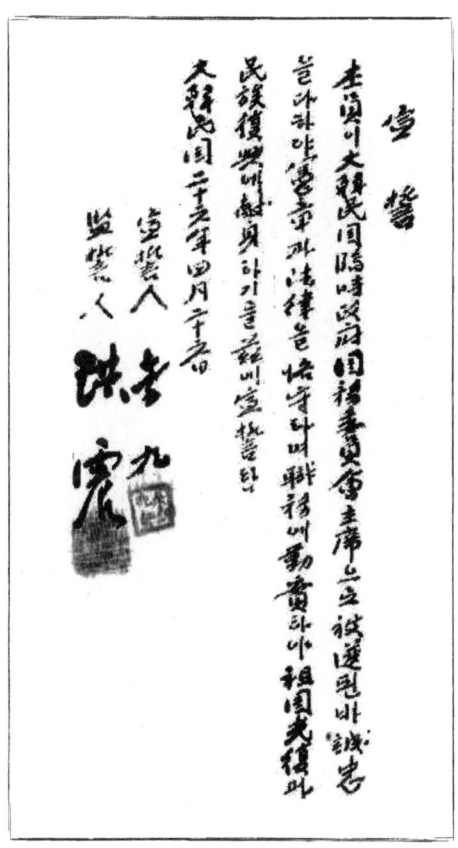

**1940년 10월 9일 임시의정원에서
주석으로 선출된 김구의 취임 선서문**

"본원(本員)이 대한민국임시정부 국무위원회 주석으로 피선된 바
성충을 다하야 헌장과 법률을 각수(恪守)하며 직무에 근실하야
조국광복과 민족부흥에 헌신하기를 자(玆)에 선서함"

대한민국 임시정부의 주석 김구(왼쪽)와 부주석 김규식(오른쪽)

정부의 기초 세력이 되었다. 이를 기반으로 임시정부는 1940년 9월 한국광복군을 창설하는 한편, 정부의 조직과 체제를 강화하고자 했다. 이를 위해 헌법 개헌이 추진되었고, 1940년 10월 9일 「대한민국임시약헌」이 개정 공포되었다.[36]

 헌법을 개정한 가장 큰 이유는 국무위원제를 폐지하고 주석제를 도입하기 위해서였다. 전시체제에 대응하고 독립운동을 효율적으로 전개하기 위해서는 집단지도체제보다는 강력한 단일지도체제가 필요하다고 판단한 것이다. 주석은 임시의정원에서 선거하고, '임시정부를 대표하며, 국군을 총감總監한다'고 규정했다. 주석에게 실질적인 정부 수반의 위상과 권한을 부여한 것이다.[37] 이로써 주석을 수반으로 한 단일지도체제가 마련되었고, 그동안 임시정부를 유지해 온 김구가 주석으로 선임되었다.

 이후 1944년에 부주석을 신설하여 주석·부주석제가 되었다. 부주석을 신설한 것은 좌익진영의 임시정부 합류에 따른 조처였다. 조선민족혁명당을 중심으로 한 좌익진영이 충칭에서 임시정부에 합류했다. 1942년 7월 조선의용대가 광복군에 편입했고, 10월에는 좌익진영 인사들이 의원으로 선출되어 의정원에 참여한 것이다.[38] 이를 계기로 좌우연합정부를 구성하게 되었고, 그 조직과 운영을 위해 헌법 개정이 필요했다. 개정된 헌법은 1944년 4월 「대한민국임시헌장」으로 공포되었고, 부주석으로 조선민족혁명당의 김규식을 선출했다.[39] 좌익진영의 참여를 고려한 정치적 배려였다.

이와 같이 임시정부는 국무총리제로 수립된 이래 대통령제, 국무령제, 국무위원제, 주석제, 주석·부주석제로 여러 차례에 걸쳐 지도체제를 바꾸었다. 지도체제의 잦은 변경은 정부 운영의 어려움과 미숙함을 의미하는 것일 수도 있겠지만, 이를 통해 민주정치에 대한 귀중한 경험을 쌓게 되었다. 다양한 권력 구조의 형식과 정부형태를 조직하고 운영한 경험은 민주공화제를 발전시키는 데 있어 중요한 자산이 아닐 수 없었다.

의회정치

임시정부는 의회정치를 구현하고, 이를 기초로 정부를 유지·운영했다. 임시정부의 의회 역할을 한 임시의정원은 임시정부가 수립되기 전에 구성되었다. 3·1운동 직후 상하이에 모인 인사들 중 29명의 대표가 1919년 4월 10일 임시정부 수립을 위한 회의를 개최하면서, 그 회의의 명칭을 임시의정원이라고 한 것이다.[40] 이후 임시의정원은 독자적인 조직과 체제를 갖추고 임시정부와 더불어 입법기구로 역할하면서 의회정치를 구현했다.

    임시정부의 수립도 의정원 회의를 통해 이루어졌다. 의정원은 1919년 4월 10일 29명이 참가하여 이동녕과 손정도를 의장과 부의장으로 선출하고, 곧바로 임시정부 수립을 위한 회의에 들어갔다. 제1차

회의였다. 이 회의에서 국호는 대한민국으로, 정부의 관제는 국무총리를 수반으로 하고 내무·외무·법무·재무·군무·교통 등 6개 행정부서를 두기로 결정했다. 그리고 투표를 실시하여 국무총리 및 6개 부서 총장과 차장을 선출해 정부를 조직하고, 헌법을 축조·심의하여 임시헌장을 제정·통과시켰다.[41] 이로써 국호를 대한민국으로 한 임시정부가 수립된 것이다.

임시정부는 대의제를 채택했고, 그 대의기구가 임시의정원이었다. 정부 수립과 더불어 제정 공포한 임시헌장 제2조는 "대한민국은 임시정부가 임시의정원의 결의에 의하여 차를 통치함"이라고 되어 있다. 이는 임시정부를 어떻게 운영할 것인가를 규정해 놓은 것으로, 의정원의 결의에 의하여 임시정부를 유지·운영한다고 한 것이다.[42]

의정원은 임시정부를 수립한 후 의회로서의 조직과 체제를 갖추었다. 1919년 4월 25일 의정원의 조직과 체제를 유지·운영하기 위한 「임시의정원법」을 제정한 것이다.[43] 이에 의하면 의정원은 각 지방인민의 대표인 의원들로 구성하며, 의원의 자격은 "대한국민으로 중등 교육을 수憂한 만 23세 이상의 남녀"로 정했다. 의원의 선출은 인구비례에 따랐고, 지방인구 30만 명당 1인을 선출한다는 것을 원칙으로 삼았다. 이에 따라 경기·충청·경상·전라·함경·평안도에서는 각각 6명을, 황해·강원도 및 중령·아령·미령 교민은 3명씩 선출하도록 했다.[44]

의정원에는 각 위원회와 분과가 설치되어 있었다. 위원회로는 전원위원회·상임위원회·특별위원회를 설치했다. 전원위원회는 지금

大韓民國臨時議政院法

第一章 綱領

第一條 議政院은各地方人民의代表議員으로組織함

第二條 議員의資格은大韓國民으로中等敎育을受한滿二十三歲以上의男女에限함

第三條 議員의額數는地方人口多寡에依하야定하되三十萬에議員一人을定하고成數未及에對하야도一人을選定함을得함
人口精査前에는左에依하야定함

大韓民國臨時議政院法 三

京畿道 六人 忠淸道 六人 慶尙道 六人
全羅道 六人 江原道 三人 咸鏡道 六人
黃海道 三人 平安道 六人 中領僑民 三人 俄領僑民 三人 美領僑民 三人

大韓民國臨時議政院法 四

第三條 議員任期는二個年으로하되每年에三分一을改選함을得함

第四條 議長副議長은議員이互選함

第五條 本院議員이行政官吏로任命되는時난票決權이無함

第六條 議政院의職權은左와如함

1919년 4월 25일 제정 공포한 「대한민국임시의정원법」
제2조에 의원의 자격에 대해 정해 놓았다.

의 운영위원회와 같은 것이고, 특별위원회는 의정원에서 특별한 사항을 처리하기 위해 설치한 것이었다. 그리고 의원 5인을 위원으로 하여 8개 분과(제1과 법제, 제2과 내무·외무, 제3과 재무, 제4과 군무, 제5과 교통, 제6과 예산·결산, 제7과 청원·징계, 제8과 교육·실업)를 두었다. 이 외에 의정원의 개회 및 폐회, 의안의 건의 및 의결, 방청인의 퇴장 등의 규정이 지금의 국회법과 크게 다르지 않았다.

의정원은 1930년대에 들어서면서 정당을 중심으로 운영되기 시작했다. 1920년대 중반 국내외 독립운동전선에서 전 민족이 대동단결하여 민족의 유일한 정당을 조직하고 이를 중심으로 독립운동을 전개하자는 유일당운동이 일어난 일이 있었다. 유일당을 조직하는 데는 이르지 못했지만, 그 여파로 정치적 이념과 지역적 기반에 따라 많은 정당들이 결성되었다. 이때 임시정부를 중심으로 활동하던 민족주의 계열 인사들도 별도로 정당 결성을 추진했고, 그 결과 1930년 1월 한국독립당을 창당했다.[45] 한국독립당은 임시정부를 옹호·유지하는 정당이었고, 이들이 의정원을 구성했다. 이에 따라 1930년대에 들어서면서 의정원이 정당에 의해 운영되기 시작한 것이다.

이후 의정원은 정당을 기초로 하여 운영되었다. 1935년 말부터는 한국국민당이 의정원을 주도했다. 한국국민당은 한국독립당이 임시정부를 떠나 민족혁명당에 참여하여 해체된 후, 이에 참여하지 않은 김구 등이 주도하여 결성한 정당이었다.[46] 한국국민당은 한국독립당의 민족혁명당 참여가 초래한 임시정부의 무정부 상태를 수습하는 한편, 한

좌익 세력이 참여하여 통일의회를 구성한 제34차 임시의정원 회의 기념사진(1942년 10월)
앞줄 왼쪽부터 유동열·박찬익·조성환·홍진·김구·최동오·조완구·김원봉

역사농단 1948년 건국론과 건국절

국독립당의 해체로 기능이 마비된 의정원을 새롭게 구성하여 운영했다.

한국국민당에 이어 1940년에는 새로이 결성된 한국독립당이 의정원을 주도했다. 1940년 5월 한국국민당을 비롯하여 민족주의 계열의 재건한국독립당과 조선혁명당이 통합을 이루어 새로이 한국독립당을 결성했다.⁴⁷ 이들 3당은 1930대 중반 이래 독자적으로 활동하다가 충칭에 정착하면서 임시정부의 옹호·유지를 전제로 세력을 하나로 결집한 것이었다. 한국독립당이 결성되면서 이를 기반으로 정부 조직이 크게 확대·강화되었고, 의정원도 한국독립당이 주도하게 되었다.

1930년대 이래 의정원은 일당체제로 운영되었다. 한국독립당과 한국국민당, 그리고 새로이 결성된 한국독립당으로 이어지는 정당이 단독으로 의정원을 운영한 것이다. 이러한 의정원 운영 형태가 1942년 말부터 바뀌었다. 좌익진영이 임시정부에 참여한 것이 그 계기였다. 임시정부와는 관계없이 독자적으로 활동하고 있던 조선민족혁명당을 비롯한 좌익진영 정당 및 단체들이 미일전쟁 발발 등 국제정세 변화에 따라 임시정부에 참여할 것을 결정하고, 1942년 7월 그 무장 세력인 조선의용대가 광복군에 편입했다.[48] 무장세력의 통일에 이어 좌익진영 인사들이 의정원에도 참여하게 되었다.

좌익진영의 의정원 참여는 1942년 10월 실시된 의원 선거를 통해 이루어졌다. 임시정부는 좌익진영의 참여를 위해 의정원 의원 선거 규정을 개정했고, 이에 의해 1942년 10월 20~23일에 걸쳐 선거가 실시되었다. 그 결과 기존 재적의원 23명 이외에, 민족혁명당 10명, 조선혁명자연맹 2명, 조선민족해방동맹 2명을 포함하여 모두 23명의 의원이 새로이 선출되었다.[49] 이로써 좌익진영 인사들이 의원이 되어 의정원에 참여하게 되었다. 그 형식은 각 정당 및 단체들이 조직과 세력을 그대로 유지한 채 의정원에 참여한 것이다.

좌익진영이 참여하면서 의정원의 모습은 달라졌다. 무엇보다도 좌우익 양 진영의 인사들이 참여하는 통일의회를 구성했다는 점이 가장 큰 변화였다. 의정원 의원 수가 대폭 확대된 것도 커다란 변화였다. 기존 한국독립당 당원으로만 구성되었을 때에는 모두 23명이었다. 여기에 새로이 23명이 보선되어 의원 수가 두 배인 46명이 되었다.

의정원 운영 형태도 일당체제에서 다당체제로 바뀌었다. 그동안 의정원은 한국독립당만이 유일하게 참여하여 일당체제로 운영되어 왔다. 여기에 민족혁명당을 비롯한 조석혁명자연맹·조선민족해방동맹·조선민족당·통일동지회 등이 각기 조직을 그대로 유지한 상태에서 참여하여 의정원을 구성하게 된 것이다. 이로써 의정원의 운영이 한국독립당의 일당체제에서 다당체제로 바뀌게 되었다.

다당체제로 변화한 것과 더불어, 여당과 야당도 생겨났다. 한국독립당이 여당으로, 좌익진영의 정당 및 단체들이 야당으로 역할하게 된 것이다. 다당체제의 성립, 그리고 여당과 야당에 의한 의정원의 운영은 의회정치의 새로운 경험이었다. 의정원을 통한 이러한 경험은 한국의 정당제와 정당정치의 기원을 이루었고, 민주공화제를 발전시키는 주요한 경험이 되었다.

대한민국 임시정부가 꿈꾼 나라

건국강령 제정

임시정부가 안고 있는, 또 수행해야 할 최대 과제는 일제 식민지 지배에서 독립을 쟁취하여 새로운 민족국가를 건설하는 것이었다. 임시정부는 민족의 대표기구라는 위상을 갖고 있었지만, 동시에 독립운동을 지도하는 최고기관으로서의 역할도 수행해야 했다. 독립운동은 일제에 빼앗긴 국토와 주권을 되찾아 새로운 민족국가를 건설하는 데 궁극적인 목적이 있었고, 임시정부도 광복 후 민족국가 건설에 대한 구상을 하고 있었다.

임시정부가 광복 후 국가 건설 문제에 대해 언급한 것은 1930년대에 들어와서였다. 1931년 4월 발표한 「대한민국임시정부선언」을 통해, 광복 후에 건설할 새로운 국가의 대강大綱을 밝힌 것이다. 이 선언은 그해 5월 난징南京에서 개최되는 중국 국민회의에 제출하기 위해 작성된 것으로, 당시 국무원 5명 전원의 명의로 되어 있다.[50] 이 선언을 중국 측에 제출한 것은 만주지역에 거주하는 한인들을 적극 보호해 줄 것을 요청하기 위해서였다. 그 내용 중에 임시정부와 한국독립당의 활동 목표를 설명하면서, 임시정부는 '균등제도의 민주적 독립국가' 건설을 추진한다고 밝혔다.

> 민족균등주의란 것은 국내에서 사람과 사람이 권리를 균등하게 누리는 것을 말한다. 무엇으로 균등하게 할 것인가? 보선제普選制로써 정권을 균등하게 하며, 국유로써 이권利權을 균등하게 하고, 공비公費로써 학권學權을 균등하게 한다. 국외에 대하여는 민족자결의 권리를 보장하여 민족과 민족, 국가와 국가와의 불평등을 제거한다. 이와 같이 하여 국내에 실현하면 특권계급이 곧 소망消亡하고 소수민족이 그 침능侵凌을 면하며, 정치·경제·교육을 물론하고 그 권리를 균등하게 하여 헌지軒輊가 없게 하며 동족同族 이족異族에 대하여 역시 이러하게 한다.[51]

이는 임시정부가 처음으로 밝힌 건국원칙이었다. 뒤에서 언급할 건국강령에서 "1931년 4월 대외선언을 발표하고 삼균제도의 건국원칙을 천명하였다"고[52] 한 것이 바로 이 내용이다. 개략적이긴 하지만, 임시정부는 민족균등주의에 입각하여 특권계급이 존재하지 않는 균등사회를 건설한다는 구상을 밝혔다. 균등사회는 보통선거제·국유제·공비

삼균주의를 창안하고 건국강령을 기초한 조소앙

교육제를 통해 정치·경제·교육의 균등을 실현한다는 것이었고, 대외적으로는 민족자결의 권리를 보장하여 민족과 민족, 국가와 국가의 균등을 실현한다고 했다.

이러한 임시정부의 건국원칙은 삼균주의를 기본이념으로 한 것이었다. 삼균주의는 조소앙이 창안한 것으로 알려져 있고, "정치·경제·교육의 균등을 통해 개인과 개인의 균등을 실현하고, 이를 토대로 민족과 민족, 국가와 국가와의 균등을 이루며, 나아가 세계일가를 추구한다"는 내용을 핵심으로 한다.[53] 독립운동 과정에서 독립 후 국가 건설과 관련한 정치이념으로 창안된 것이 삼균주의였고, 삼균주의를 기초로 하여 건국원칙을 천명한 것이다.

임시정부가 삼균주의에 기초한 건국원칙을 정립한 것은 한국독립당과 관련이 있었다. 한국독립당은 1930년 1월 임시정부 인사들이 결성한 것으로, 임시정부의 기초 세력이자 전위조직으로 역할하던 정당이었다. 이 한국독립당이 삼균주의를 정치이념으로 수용했고, 당의·당강을 통해 "국토와 주권을 광복하고 정치·경제·교육의 균등을 기초로 한 신민주국新民主國 건설"을 목표로 천명했다.[54] 임시정부의 건국원칙은 이러한 한국독립당의 당의·당강을 기초로 마련된 것이었다.

이후 임시정부의 건국원칙은 정당을 통해 계승·발전되었다. 임시정부를 옹호·유지하는 정당은 여러 차례 바뀌었다. 1935년 한국독립당이 해체되고, 한국국민당이 뒤를 이었다. 그리고 1940년 5월에는 민족진영 3당이 통합하여 새로운 한국독립당을 결성했다. 정당의 명칭과 조직에 변화가 있었지만, 정치이념이나 목표는 그대로 이어졌다. 한국국민당이나 새로이 결성된 한국독립당은 상하이 한국독립당의 당의와 당강을 그대로 채택했고, 임시정부를 옹호하고 지지하면서 임시정부의 광복 후 국가건설 원칙을 계승하여 발전시킨 것이다.[55]

임시정부는 충칭에 정착한 후 구체적이고 체계적인 국가건설 계획을 확립했다. 임시정부가 충칭에 정착한 것은 1940년이었다. 이로써 임시정부는 8년여에 걸친 피난생활에서 벗어날 수 있었다. 이 무렵에는 1937년 발발한 중일전쟁이 중국 대륙 전체로 확산되었고, 유럽에서는 제2차 세계대전이 일어났다. 이러한 국제정세의 변화는 독립운동자들에게 광복에 대한 기대와 희망을 갖게 만들었다.

이러한 국제정세 변화에 조응하면서 임시정부는 전시체제를 갖추어 나갔다. 1940년 9월 한국광복군을 창설한 것이 그 하나였다. 한국광복군은 임시정부의 국군으로 창설되었고, 이로써 일제와의 독립전쟁을 수행하기 위한 준비태세를 갖추게 되었다. 그리고 10월에는 제4차 개헌을 단행하여 정부 조직을 강력한 지도체제로 변환했다. 임시정부는 1927년 이래 집단지도체제로 운영되고 있었다. 이를 주석을 최고 책임자로 한 단일제도체제로 바꾸고, 주석에게 국군통수권 및 국가원수의 지위를 부여하는 등 강력한 지도체제를 확립한 것이다.[56]

전시체제를 갖추는 작업과 함께 광복 후의 문제에 대해서도 준비했다. 이미 1931년 「대외선언」을 통해 건국원칙을 밝힌 바 있었고, 그 내용은 임시정부의 정당을 통해 계승·발전되고 있었다. 임시정부는 이를 구체화했다. 그리고 광복 후 민족국가 건설에 대한 종합적이고 체계적인 계획을 「대한민국건국강령」으로 제정하여 1941년 11월 28일 국무위원회 명의로 공포했다.[57]

이로써 임시정부는 광복 후 수립할 민족국가 건설에 대한 구체적인 계획을 확립했다. 건국강령은 총강總綱·복국復國·건국建國의 3장 24개 항으로 구성되어 있다. 제1장 총강은 한국은 반만 년의 고정적 집단이라는 고유주권설의 선언과 삼균제도에 의한 건국원칙을 밝힌 것이고, 제2장 복국은 독립을 쟁취하는 방법과 단계를 설정한 것이다. 그리고 제3장 건국에서는 광복 후 건설할 민족국가에 대한 구체적인 모습을 제시했다.

신민주국 건설

건국강령에는 임시정부가 광복 후 수립할 민족국가의 모습이 나타나 있다. 새로운 민족국가의 모습에는 임시정부가 1919년 이래 정부를 유지하고 운영하면서 쌓아 온 정치적 경험과 꿈이 담겨 있었다. 정치적 경험은 처음으로 민주공화제를 수용하고 이를 유지·운영해 온 경험이며, 정치적 꿈이란 이러한 경험을 통해 더 나은 민주공화제를 건설하려는 욕망이었다.

건국강령에 나타난 민족국가의 모습은 한마디로 삼균주의 국가였다. 총강 제6항에서 1931년 4월 대외선언을 통해 천명한 임시정부의 건국원칙을 '삼균제도의 제1차 선언'이라고 했으니, 건국강령은 '삼균제도의 제2차 선언'에 해당하는 셈이었다. 삼균제도란 삼균주의를 정책으로 현실화한 제도다.

임시정부가 건설할 민족국가의 모습은 건국강령 제3장 건국에 담겨 있다.[58] 민족국가 건설은 세 단계로 계획되었다. 제1기는 적의 통치기구를 완전히 박멸하고, 국도國都를 정하고, 중앙정부와 의회가 주권을 행사하며, 국가의 정령政令이 자유로 행사되어 삼균제도의 강령과 정책이 국내에 행해지기 시작하는 과정이라고 했다. 제2기는 삼균제도를 골자로 한 헌법을 실시하여 정치·경제·교육의 민주적 시설로 실제 균형을 도모하는 시기로 설정했다. 즉 정치적으로는 완전한 보통선거제, 경제적으로는 토지 및 대생산기관의 국유화, 교육적으로는 고등교육까지 면비교육을 실시하는 단계였다. 제3기는 건국을 완성하는 시기였다. 건국에 관한 기초시설 및 건설기구와 성적이 예정계획의 절반 이상 성취된 시기를 건국의 완성으로 보았다.

임시정부가 건설하고자 한 국가는 민족 최대다수의 행복을 실현할 수 있는 국가였다. 민족 최대다수의 행복은 정치·경제·교육을 기초로 한 균등사회를 건설하여 실현한다는 것이었고, 이를 실현하기 위한 구체적인 방안을 건국 제4항에서부터 7항에 걸쳐 제시해 놓았다. 이 4개 항은 헌법에 규정할 인민의 기본권리 및 의무, 중앙과 지방의 정치기구, 경제정책, 교육정책 등에 관한 구체적인 방안을 제시한 것

> 大韓民國建國綱領
>
> 第一章 總綱
>
> 一、우리나라는 우리民族의 半萬年來로 共同한말과글과 國土와主權과經濟와文化를가지고 길니온 우리끼리로서形成하고 闘結한固定的集團의 最高組織임
>
> 二、우리나라의建國精神은 三均制度의歷史的根據를두엇 으니 先民의明命한바 首尾均平位하야 興邦保泰平 히리라하엿다 이는 社會各層各級의智力과權力과富力 의享有를 均平하게하야 國家를 振興하며 泰平을 保維하랴함이니 弘益人間과 理化世界하자는 우리民 族의 지킬바 最高公理임

1941년 11월 28일 발표한 「대한민국건국강령」
광복 후 건설할 민족국가에 대한 계획이다.

으로, 이 속에 임시정부가 건설하려는 민족국가의 구체적인 모습이 담겨 있다.

정치적으로는 국민의 기본권리 및 자유를 최대한 보장한다고 했다. 헌법에 규정할 인민의 기본권리로 노동권·휴식권·참정권·선거권·남녀평등권·피보험권·면비수학권 등을 들고 있다. 이중 보통선거권에는 만 18세 이상의 남녀는 모두 선거권을 가지며, 신앙·교육·사회 출신·재산 정도 등을 분별하지 않는다고 했다. 그리고 만 23세 이상의 남녀는 모두 피선거권을 갖는다고 했다. 국민 모두가 참정권을 행사하고, 보통선거제를 통해 정치적 균등을 도모한다는 것이었다. 다만 적에 부화附和한 자와 독립운동 방해자를 비롯하여, 정신 결함자·범죄 판결을 받은 자 등은 선거권과 피선거권을 부여하지 않는다는 규정을 두었다.

인민의 자유도 헌법으로 보장했다. 신체의 자유를 비롯하여 출판·신앙·집회·여행·시위·통신·비밀 등의 자유권을 헌법으로 규정해 놓았다. 권리와 자유를 보장하는 이외에, 인민의 의무도 규정했다. 법률 준수·납세·병역·공공복무·조국건설보위 등을 국민의 의무로 하고 있다. 인민의 권리·자유·의무에 대해서는 임시정부 수립 당시 제정한 임시헌장에 규정된 이래 1944년 개정된 임시헌장에 이르기까지 변함이 없었다. 건국강령에서는 이를 더 구체적이고 세분화하여 규정한 것이다.

정치기구로는 중앙정부를 조직하고 지방자치제를 실시한다고 했다. 중앙정부는 건국기 헌법에 의하여 조직한 국무회의가 최고 행정기관으로 국무를 집행하도록 하며, 행정 분담을 위해 내무·외무·군무·법무·재무·교통·실업·교육의 8개 부서를 둔다고 했다. 그리고 지방에는 각 지방 행정단위에 따른 정부와 의회를 구성하여 지방자치를 실시한다고 했다. 이를 위해 각 도道·부府·군郡·도島에 각각 정부와 의회를 설치할 것이라 하고 있다.

경제정책의 핵심은 국민 모두의 경제적 균등을 실현하는 데 두었다. 이를 위한 방안으로 토지 및 대생산기관을 국유화한다고 했다. 우선적으로 적이 침점하거나 시설한 관공사유지를 비롯하여 적산敵産 일체(어업·광산·농림·은행·회사·공장·철도·학교·교회·사찰·병원·공원 등), 그리고 부적자附敵者의 일체 소유자본 및 부동산을 몰수하여 국유로 한다고 했다. 몰수한 토지는 자력자경인自力自耕人에게 분배하는 것을 원칙으로 했다. 그 순서는 고용농·자작농·소지주농 등으로, 소득이 낮은 쪽부터 우선권을 부여한다는 것이었고, 분배한 토지는 상속·매매·저압抵押·유증遺贈·전조차轉租借 등을 금지했다.

대생산기관은 국유를 원칙으로 하되, 소규모 및 중소기업은 사영私營으로 할 수도 있다는 규정을 두었다. 다만 광산·어업·수리·소택沼澤과 육·해·공 운수사업을 비롯하여 은행·전신·전기·교통·국제무역 등은 국유로 한다고 했다. 그리고 몰수한 재산은 빈공·빈농 및 무산자의 이익을 위한 국영·공영의 집단생산기관에 공급함을 원칙으로 정해 놓았다.

교육정책은 모든 국민에게 균등한 교육의 기회를 부여한다는 데 핵심을 두었다. 이를 실현하기 위한 방안이 국비의무교육제도였고, 이것이 교육정책의 기본이었다. 6세에서 12세까지 초등교육과 12세 이상의 고등교육에 대한 일체의 비용은 국가가 부담한다는 것이고, 학령 초과로 교육을 받지 못한 인민에게는 면비보습교육을 시행한다고 했다. 그리고 지방에는 인구·교통·문화·경제 등 형편에 따라 교육기관을 시설하되, 최저한도 1읍 1면에 5개 소학교와 2개 중학교를, 1군 1도에 2개 전문학교를, 1도에 1개 대학을 설치한다고 했다. 그리고 교과서는 학생들에게 무료로 분급하며, 교과서의 편집·발행·인쇄 등을 국영으로 한다는 계획이었다.

이상과 같이 임시정부가 건설하려고 한 민족국가는 정치·경제·교육의 균등을 기초로 한 균등사회를 지향했다. 정치 면에서는 민주주의의 원리에 기초하여 국민의 권리와 자유를 최대한 보장함으로써 국민의 정치적 균등을, 경제 면에서는 토지와 대생산기관의 국유를 원칙으로 경제적 균등을, 교육에서는 국비의무제도를 원칙으로 교육의 균등이 실현되는 국가를 건설한다고 했다. 이는 곧 삼균주의를 기본이념으로 한 국가, 즉 '삼균주의 국가'를 건설하려고 한 것이라 할 수 있다.

임시정부에서는 광복 후 건설할 국가의 성격을 명확하게 밝히지 않았다. 그 성격을 구체적으로 표현한 것은 한국독립당이었다. 1930년 1월 상하이에서 창당되어 임시정부의 기초 세력이자 여당으로 역할한 한국독립당은 그 당의를 통해 "국토와 주권을 완전히 광복하고 정치·경제·교육의 균등을 기초로 한 신민주국을 건설하여서"라고 하여,[59] 광복 후 건설할 국가를 신민주국이라고 표현했다. 이후 한국독립당에서는 신민주국이라는 용어를 사용했다. 1940년 충칭에서 결성된 한국독립당의 당의에도 신민주국이라는 용어가 보인다.

> 그러면 우리는 어떤 제도를 건설할까 … 정치·경제·교육의 균등을 기초로 한 신민주국 즉 '뉴데모크라시'의 국가를 건설하려는 것이다. 여기에 신민주라 함은 민중을 우롱하는 자본주의 데모크라시도 아니며 무산자독재를 표방하는 사회주의 데모크라시도 아니다. 더 말할 것도 없이 범汎 한민족韓民族을 지반地盤으로 하고 범汎 한국 국민을 단위로 한 전민적全民的 데모크라시다.[60]

이는 한국독립당이 광복 후 건설할 국가에 대해 설명한 것으로, 한국독립당의 목표는 신민주국을 건설하는 데 있다고 하면서 신민주국에 대해 설명하고 있다. 설명은 두 가지다. 하나는 정치·경제·교육을 기초로 한 국가로서의 신민주국이다. 다른 하나는 '자본주의 데모크라시'도 아니고 '사회주의 데모크라시'도 아닌, 한민족을 기반으로 하고 단위로 한 '전민적全民的 데모크라시'로서의 신민주국이다.

쉽게 정리하면, 구舊민주주의 국가를 건설하지 않겠다는 의미다. 구민주주의는 자본주의와 사회주의를 일컫는 것이다. 여기에는 두 가지 의미가 있다. 하나는 미국이나 소련과 같은 국가를 따르지 않고, 한국 민족의 독자적인 국가를 건설하겠다는 뜻이다. 다른 하나는 자본주의와 사회주의가 갖고 있는 결점을 보완하여, 그보다 더 발전된 국가를 건설하겠다는 의미가 내포되어 있다.[61]

    임시정부가 건국강령을 통해 계획한 민족국가의 성격이 바로 신민주국이었다. 임시정부는 민주공화제 정부로 수립되어 그것을 유지하고 운영한 경험을 토대로, 그리고 각국에서 민주주의가 실현되는 실상을 통해 광복 후 새로운 민족국가 건설을 계획한 것이다. 그 국가는 삼균주의에 기초한 '삼균주의 국가'였고, 역사상 수립하거나 운영해 보지 못한 새로운 민주국가인 '신민주국'이었다.

1919년 대한민국 건립

대한제국의 멸망, 그리고 독립선언

1919년 대한민국 임시정부가 수립하게 된 가장 큰 배경은 대한제국이 멸망한 것이라 할 수 있다. 대한제국은 1897년 '조선'이란 국호를 '대한'으로 바꾸고, 왕을 황제로 칭하면서 성립된 국가였다. 그러나 대한제국은 일본제국주의의 침략으로 인해 1910년 8월 29일 멸망했다. 대한제국이 멸망한 후, 이를 이어 다시 국가를 수립하고자 했고, 1919년 국호를 대한민국으로 한 임시정부를 수립하게 된 것이다.

대한제국이 멸망한 후, 우리 민족이 우선적으로 해결해야 할 최대 과제는 일제에 빼앗긴 나라를 되찾는 것이었다. 이러한 과제를 해결하기 위한 노력이 독립운동이었고, 민족 구성원 대다수가 국내를 비롯하여 만주·연해주·중국 대륙·미주지역 등 국내외 각지에서 독립운동을 전개했다. 독립운동에는 목표가 있었다. 일제에 빼앗긴 국토와 주권을 회복하여 독립국가를 건설하는 것이 그 목표였다.

독립운동을 전개하면서 당면한 과제가 있었다. 무엇보다도 국외 각 지역에 이주해 있는 한인들의 생명과 재산을 보호하는 일이 주요한 과제가 되었다. 이를 위해 국외 각 지역에서 활동하던 독립운동자들은 각 지역에 거주하고 있는 한인들을 모아 자치기구를 설립했다. 서간도 지역에는 한족회, 연해주 지역에는 전로한족회중앙총회, 미주 지역에는 대한인국민회가 설립되었다.

이들 자치기구는 두 가지 기능과 역할을 수행했다. 하나는 각 지역에 거주하는 한인들을 대표하는 대표기구로서의 기능이고, 다른 하나는 관할구역 한인들을 중심으로 독립운동을 추진하는 독립운동 기구로서의 역할이었다. 대표기구로서의 기능은 사실상 정부의 역할과 같았다. 국가가 없는 상황에서 관할구역에 거주하는 한인들의 생명과 재산을 보호하는 일을 담당한 것이다. 대표적인 사례가 미주지역의 대한인국민회이다. 대한인국민회는 1910년 미주지역 한인들의 자치기구로 설립되어 미주지역 한인들의 생명과 재산을 보호하는 정부와 같은 역할을 담당했고, 이를 '무형국가'로 건설하자는 논의도 있었다.[62]

자치기구를 설립한 것과 더불어 망명정부를 세우려는 시도도 있었다. 이러한 시도는 고종을 국외로 모셔가려는 것으로 추진되었다. 연해주에서 활동하던 인사들이 유인석을 도총재로 한 13도의군을 결성하고, 고종에게 연해주로 파천하여 독립운동을 이끌 것을 권유하는

金邪路로서 出하야 東洋支持者인 重責을 全케하지 못하는 不安恐怖로서 脫出케하는 것이며 또 東洋平和로 重要한 一部를 삼는 世界平和人類幸福에 必要한 階段이 되게 하는 것이라 이 엇지 區區한 感情上問題ー리오

　아아 新天地가 眼前에 展開되도다 威力의 時代가 去하고 道義의 時代가 來하도다 過去 全世紀에 鍊磨長養된 人道的 精神이 바야흐로 新文明의 曙光을 人類의 歷史에 投射하기 始하도다 新春이 世界에 來하야 萬物의 回蘇를 催促하는도다 凍氷寒雪에 呼吸을 閉蟄한 것이 彼一時의 勢ー라 하면 和風暖陽에 氣脈을 振舒함은 此一時의 勢ー니 天地의 復運에 際하고 世界의 變潮를 乘한 吾人은 아모 躊躇할 것 업스며 아모 忌憚할 것 업도다 我의 固有한 自由權을 護全하야 生旺의 樂을 飽享할 것이며 我의 自足한 獨創力을 發揮하야 春滿한 大界에 民族的 精華를 結紐할지로다

　吾等이 玆에 奮起하도다 良心이 我와 同存하며 眞理가 我와 幷進하는도다 男女老少업시 陰鬱한 古巢로서 活潑히 起來하야 萬彙群象으로 더부러 欣快한 復活을 成遂하게 되도다 千百世祖靈이 吾等을 陰佑하며 全世界 氣運이 吾等을 外護하나니 着手가 곳 成功이라 다만 前頭의 光明으로 驀進할 따름인뎌

公 約 三 章

一、今日 吾人의 此擧는 正義、人道、生存、尊榮을 爲하는 民族的 要求ー니 오즉 自由的 精神을 發揮할 것이오 決코 排他的 感情으로 逸走하지 말라

一、最後의 一人까지 最後의 一刻까지 民族의 正當한 意思를 快히 發表하라

一、一切의 行動은 가장 秩序를 尊重하야 吾人의 主張과 態度로 하야금 어대까지던지 光明正大하게하라

朝鮮建國四千二百五十二年三月　一日

朝鮮民族代表

孫秉熙　吉善宙　李弼柱　白龍城
金秉祚　金昌俊　權東鎮　權秉悳　金完圭
羅仁協　梁甸伯　梁漢默　劉如大　羅龍煥
李明龍　李昇薰　李鍾勳　李鍾一　李甲成
李弼柱　朴準承　朴熙道　朴東完　申洪植　林禮煥
吳世昌　吳華英　鄭春洙　崔聖模　崔　麟
韓龍雲　洪秉箕　洪基兆

1919년 3월 1일 발표된 「독립선언서」

독립선언의 핵심은 두 가지다. 한국 민족은 일제의 식민지 지배를 부정한다는 것과 '독립국'임을 선언한 것이다.

宣言書

吾等은 茲에 我 鮮朝의 獨立國임과 朝鮮人의 自主民임을 宣言하노라 此로써 世界萬邦에 告하야 人類平等의 大義를 克明하며 此로써 子孫萬代에 誥하야 民族自存의 正權을 永有케 하노라 半萬年歷史의 權威를 仗하야 此를 宣言함이며 二千萬民衆의 誠忠을 合하야 此를 佈明함이며 民族의 恒久如一한 自由發展을 爲하야 此를 主張함이며 人類的 良心의 發露에 基因한 世界改造의 大機運에 順應幷進하기 爲하야 此를 提起함이니 是ㅣ 天의 明命이며 時代의 大勢ㅣ며 全人類 共存同生權의 正當한 發動이라 天下何物이던지 此를 沮止抑制치못할지니라

舊時代의 遺物인 侵略主義 强權主義의 犧牲을 作하야 有史以來 累千年에 처음으로 異民族箝制의 痛苦를 嘗한지 今에 十年을 過한지라 我生存權의 剝喪됨이 무릇 幾何ㅣ며 民族的 尊榮의 毁損됨이 무릇 幾何ㅣ며 新銳와 獨創으로써 世界文化의 大潮流에 寄與補裨할 機緣을 遺失함이 무릇 幾何ㅣ뇨

噫라 舊來의 抑鬱을 宣暢하려 하면 時下의 苦痛을 擺脫하려하면 將來의 脅威를 芟除하려하면 民族的 良心과 國家的 廉義의 壓縮銷殘을 興奮伸張하려 하면 各個人格의 正當한 發達을 遂하려 하면 可憐한 子弟에게 苦恥的 財産을 遺與치 안이하려하면 子子孫孫의 永久完全한 慶福을 導迎하려 하면 最大急務가 民族的 獨立을 確實케 함이니 二千萬 各個가 人마다 方寸의 刃을 懷하고 人類通性과 時代良心이 正義의 軍과 人道의 干戈로써 護援하는 今日 吾人은 進하야 取하매 何强을 挫치못하랴 退하야 作하매 何志를 展치못하랴

丙子修好條規以來 時時種種의 金石盟約을 食하얏다 하야 日本의 無信을 罪하려 안이 하노라 學者는 講壇에서 政治家는 實際에서 我祖宗世業을 植民地視하고 我文化民族을 土昧人遇하야 한갓 征服者의 快를 貪할뿐이오 我의 久遠한 社會基礎와 卓犖한 民族心理를 無視한다하야 日本의 少義함을 責하려 안이하노라 自己를 策勵하기에 急한 吾人은 他의 怨尤를 暇치못하노라 現在를 綢繆하기에 急한 吾人은 宿昔의 懲辨을 暇치못하노라 今日 吾人의 所任은 다만 自己의 建設이 有할뿐이오 決코 他의 破壞에 在치안이하도다 嚴肅한 良心의 命令으로써 自家의 新運命을 開拓함이오 決코 舊怨과 一時的 感情으로써 他를 嫉逐排斥함이 안이로다 舊思想 舊勢力에 羈縻된 日本爲政家의 功名的 犧牲이 된 不自然 又不合理한 錯誤狀態를 改善匡正하야 自然又合理한 政經大原으로 歸還케 함이로다 當初에 民族的 要求로서 出치안이한 兩國倂合의 結果가 畢竟 姑息的 威壓과 差別的 不平과 統計數字上 虛飾의 下에서 利害相反한 兩民族間에 永遠히 和同할수업는 怨溝를 去益深造하는 今來 實績을 觀하라 勇明果敢으로써 舊誤를 廓正하고 眞正한 理解와 同情에 基本한 友好的 新局面을 開拓함이 彼此間 遠禍召福하는 捷徑임을

173

대한민국은 1919년에 건립되었다

상소를 올린 것이 그러한 시도였다.[63] 이러한 시도는 한 차례 더 있었다. 1915년 중국에서 활동하던 박은식·이상설 등이 신한혁명당을 조직하고, 고종을 중국으로 모셔 가려고 한 것이다.[64] 그러나 이러한 시도들은 모두 성사되지 못했다.

국외 각 지역에서 자치기구를 설립해 활동하던 독립운동자들이 이보다 더 발전된 형태, 즉 한민족의 대표기구를 세우자고 주장했다. 1917년 중국 상하이에서 활동하던 신규식·조소앙·박은식 등은 「대동단결선언」을 통해 국내외에 흩어져 있는 전 민족이 대동단결하여 유일무이(唯一無二)한 최고기관을 설립하자고 제의한 것이다. 유일무이한 최고기관이란 민족 대표기구를 말하는 것으로, "일정한 지점에 중앙본부를 두고 이로 하여금 국내외에 흩어져 있는 민족을 통치하자"고 하면서, 중앙본부는 헌법을 제정하여 법치주의에 입각하여 운영하자는 방안을 제기했다. 이는 실현되지는 못했지만, 임시정부 수립 문제를 공식적으로 제안한 것으로 평가되고 있다.[65]

국가 없이 국내외 각지로 흩어져 활동하던 한민족은 국가를 수립하게 되었다. 직접적 계기는 독립선언이었다. 1919년에 들어서면서 국내외에서 활동하던 독립운동자들은 한민족의 독립에 대해 커다란 희망을 갖게 되었다. 제1차 세계대전이 종결되고 프랑스 파리에서 전후문제를 처리하기 위한 파리강화회의가 개최되자, 이를 조국 독립의 주요한 기회로 여긴 것이다. 상하이를 비롯하여 연해주·미주·국내 등 국내외 각지에서 활동하던 독립운동자들이 파리강화회의에 대표를 파

대한인국민회 대표모임

파리강화회의에 참석한 대한민국 임시정부 대표단(1919)

대한민국은 1919년에 건립되었다

견한 사실이 그것을 말해준다.

　파리강화회의에 대표를 파견한 것과 더불어 국내외 독립운동자들이 추진한 것이 또 하나 있었다. 독립선언을 작성하여 발표한 것이다. 1919년 2월 8일 일본에 유학하고 있던 유학생들이 먼저 독립선언을 발표했다. 이후 국내외 각지에서 독립선언이 연달아 발표되었다. 3월 1일 국내의 인사들이 독립선언을 발표했고, 이어 만주 지린吉林에서 대한독립선언을, 그리고 3월 13일에는 북간도 용정에서, 3월 17일에는 연해주에서, 4월 16일에는 미국 필라델피아에서 독립선언을 발표한 것이다.

　독립선언은 크게 두 가지 의미를 갖고 있다. 하나는 한민족이 일제의 식민지 지배를 인정하지 않는다는 것을 표명한 것이고, 둘째는 한민족이 '독립국'임을 대내외에 선포한 것이다. 1919년은 일제에게 나라를 빼앗기고 식민지 지배를 받은 지 9년째 되는 해였다. 그렇지만 한민족은 일제의 식민지 지배를 인정하지 않고 독립국임을 선언한 것이 곧 독립선언이었다. 3월 1일 국내에서 발표된 독립선언서에 "오등吾等은 자茲에 아我 조선朝鮮의 독립獨立國임과 조선인朝鮮人의 자주민自主民임을 선언하노라"고 한 것이 바로 그것이다.

　독립국임을 선언했으니, 독립국을 세워야 했다. 만일 독립국을 선언하고 독립국을 세우지 않는다면, 독립선언은 아무런 의미를 가질 수 없는 것이다. 독립선언을 통해 독립국임을 선언하고, 그 독립국으로서 세운 것이 바로 대한민국 임시정부였다.

1919년 2월 8일 일본 도쿄에서 유학생들이 발표한 선언서국威를 自新케 하야 우리 結實은 野蠻 新敗의 執을 超越하야 모든 法道義를 實現하야 私人의 權을 主張함으로 公義를

進行하려 하고 一切方便으로 軍國專制를 剷除하야 民族平等을 全球에 普施할지니 此는 我獨立의 第一義오 武力兼併을 根絶하야 平均

天下의 公道로 進行할지니 此는 我獨立의 本領이오 密盟私戰을 嚴禁하고 大同平和를 宣傳할지니 此는 我復國의 使命이오 同權同富로

一切同胞에 施하야 男女貧富를 齊하며 等賢等老幼에 均하야 四海人類를 度할지며 我立國의 權이 同胞에

除不義를 監督하고 宇宙의 眞善美를 體現함이니 此는 我韓民族의 應時復活의 究竟義니라 咨我同心同德인 二千萬兄弟姉妹야

檀君大皇祖께서 上帝에 左右하사 우리의 機運을 命하시며 世界와 時代가 우리의 福利를 助하는도다 正義는 無敵의 釰이니 此로써 逆天

의 魔와 盜國의 賊을 一手屠決하라 此로써 四千年祖宗의 榮輝를 顯揚할지며 此로써 二千萬赤子의 運命을 開拓할지니 起하라 獨立軍아 齊

하라 獨立軍아 天地로 網한 一死는 人의 可逃치 못할 바인즉 犬豕에 等한 一生을 誰가 苟圖하리오 身을 殺하야 仁을 成하면 二千萬 同胞와 同

體로 復活하리니 一身을 何惜이며 傾家復國하면 三千里 沃土가 自家의 所有이니 一家를 犧牲하라 咨我同心同德인 二千萬兄弟姉妹야

自國獨立을 恢復하라 記憶할지며 建國이 完全함을 確信하야 肉彈血戰으로 獨立을 完成할지어다

妹야 我

檀君紀元四千二百五十二年二月 日

가나다順

金教獻　呂準　李相龍　朴容萬
金奎植　柳東說　李世永　朴殷植
全東三　李光　李承晩　曹煜
金躍淵　李大爲　朴贊翊　崔炳學
金佐鎮　李東寧　孫一民　韓興
金學萬　李東輝　申檉　申采浩　尹世復　許蒨
鄭在寬　李範允　文昌範　安定根　任瑒　黃尙奎
趙鏞殷　李奉雨　朴性泰　安昌浩

大韓獨立宣言書

我大韓同族男妹와 暨我遍球友邦同胞에 我大韓은 完全한 自主獨立과 神聖한 平等福利로 我子孫黎民에 世々相傳키 爲하야 玆에 異族專制의 虐壓을 解脫하고 大韓民主의 自立을 宣布하노라

我大韓은 無始以來로 我大韓의 韓이오 異族의 韓이 아니라 半萬年史의 內治外交는 韓王韓帝의 固有權이오 百萬方里의 高山麗水는 韓男韓女의 共有産이오 氣骨文言이 歐亞에 拔萃한 我民族은 能히 自國을 擁護하며 萬邦을 和協하야 世界에 共進할 天民이라 韓一部의 權이라도 異族에 讓할 義가 無하고 韓一尺의 土라도 異族이 占할 權이 無하며 韓一個의 民이라도 異族이 干涉할 條件이 無하며 我韓은 完全한 韓人의 韓이라

噫라 日本의 武孼이여 壬辰以來로 半島에 積惡은 萬世에 可掩치 못할지며 甲午以後의 大陸에 作罪는 萬國에 能容치 못할지라 彼가 嗜戰의 惡習은 自保自衛의 名을 假하더니 終乃 反天逆人의 保護合倂을 逞하고 彼의 妖妄한 政策은 敢히 宗敎를 勒奪하며 敎育을 制限하야 世界文化를 沮障하얏고 彼의 偽虐한 軍警의 武斷과 移民의 暗計는 韓族을 磨滅하고 神化를 妨障하며 經濟를 壓迫하야 種族을 磨滅하며 敎育을 制限하야 世界文化를 沮戱하얏스니 此는 人類의 賊이라

宣佈하노니 同時에 彼의 罪惡을 懲膺하야 我의 權利를 回復하노라

一. 日本의 合邦手段은 詐欺强迫과 不法無道와 武力暴行이 極備하얏스니 此는 國際法規의 惡魔이며 二. 日本의 合邦結果는 軍警의 蠻權과 經濟의 壓迫으로 種族을 磨滅하며 宗敎를 强迫하며 敎育을 制限하야 世界文化를 沮障하얏스니 此는 人類의 賊이라

故로 天意人道와 正義法理에 照하야 萬國立證으로 合邦無效를 宣播하며 彼의 罪惡을 懲膺하며 我의 權利를 回復하노라 噫라 日本의 武孼이여 改過自新하야 舊日의 宿惡을 一切 洗滌하고 天意를 實現하며 正義를 普遍히 行하야 二千萬 大衆의 赤衷을 代表하야 敢히

進에 天意를 對揚하며 人心을 順應코저 하야 二千萬 大衆의 赤衷을 代表하야 敢히

設或 協賛하는 時以는 兹에 二千萬 大衆의 赤衷을 代表하야 敢히

1919년 3월 17일 연해주에서 대한국민의회 명의로 발표한 선언서

국호를 대한민국으로 한
임시정부 수립

독립을 선언한 후, 국내외 독립운동자들을 중심으로 독립국을 세우기 위한 움직임이 일어났다. 그 중심지는 중국 상하이였다. 상하이는 대한제국 군인 출신인 신규식이 망명하여 중국혁명당 인사들과 교류를 맺으며, 1910년대부터 중요한 국외의 독립운동 거점이 되었던 곳이다. 그리고 1917년 이곳 상하이에서 활동하던 인사들이 민족의 대표 기구를 수립하자고 제안했고, 또한 신한청년당이 국내외 각지에 연락을 취하여 독립운동자들을 상하이에 모이도록 했다.

독립을 선언한 직후 국내외에서 활동하던 인사들이 상하이로 모여들었다. 연해주에서 이동녕·조완구, 만주에서 조소앙·이시영·김동삼, 베이징에서 조성환·이회영, 일본에서 이광수·최근우, 국내에서 현순·최창식·신익희, 미국에서 여운홍 등 많은 인사들이 집결했다.[66] 3월 말에 이르면 그 숫자가 1,000여 명을 헤아릴 정도가 되었다. 이들이 상하이로 모여든 이유는 독립선언을 통해 천명한 독립국을 세우기 위해서였다.

상하이에 모인 인사들은 독립국을 세우기 위한 준비 작업을 진행했다. 그리고 1919년 4월 10일 현순·손정도·신익희·조소앙·이동녕 등 29명이 대표가 되어 한자리에 모였다. 이들이 가장 먼저 결정한 것은 임시의정원을 구성하는 일이었다. 회의가 시작되자 조소앙이 모임의 명칭을 임시의정원이라 하자고 제안하여 가결되었고, 이동녕과 손정도를 각각 의장과 부의장, 이광수와 백남칠을 서기로 선출하여 임시의정원을 구성했다. 임시의정원은 현재 국회와 같은 것이다.

임시의정원을 설립한 후, 곧바로 제1회 임시의정원 회의를 개최했다. 의정원 회의는 의장으로 선출된 이동녕의 사회로 진행되었다. 회의는 국호, 관제, 국무원 선출, 헌법 제정 순으로 진행되었고, 가장 먼저 결정한 것은 국호였다. 국호는 신석우가 대한민국으로 하자고 제의하여 그대로 가결되었다.[67] 이로써 한국 역사상 처음으로 대한민국이라는 나라 이름이 나타나게 되었다.

두 번째로 논의한 것은 관제였다. 관제는 국가를 유지·운영하는 정부의 조직 형태로, 행정수반의 명칭은 무엇으로 하고, 행정부서는 어떤 것을 설치하느냐 하는 문제이다. 관제에 대한 논의는 행정수반의 명칭은 국무총리로 하고, 행정부서는 내무·외무·법무·재무·군무·교통 등 6개 부서를 설치하는 것으로 결정되었다.

세 번째로 국무원을 선출했다. 국무원은 국무총리를 비롯한 6개 행정부서의 책임자를 말한다. 이는 무기명 단기식 투표로 진행되었고, 그 결과 다음과 같은 국무원을 선출했다.

- 국무총리: 이승만
- 내무총장: 안창호
- 내무차장: 신익희
- 외무총장: 김규식
- 외무차장: 현순
- 법무총장: 이시영
- 법무차장: 남형우

八. 國號·官制·國務員에 關한 決議와 人選

四月 十一日에 國號·官制·國務員에 關한 問題를 討議하자는 玄楯의 動議와 趙素昂의 再請이 可決되야 討議에 入할새 先히 國號를 大韓民國이라 稱하자는 申錫雨의 動議와 李漢根의 再請이 可決되니라

次에 官制에 入하야 執政官制를 總理制로 改하자는 崔謹愚의 動議와 白南七의 再請이 可決되고 法務部와 軍務部를 增設하자는 申錫雨의 動議와 白南七의 再請이 可決되니라

次에 國務員에 入하야 左와 如히 決定되니라

가. 國務總理는 漢城에서 組織된 臨時政府의 國務總理인 李承晩으로 選擧하자는 申錫雨의 動議와 趙琬九의 再請이 有한 後에 申采浩가 李承晩은 前者에 委任統治 及 自治問題를 提唱하던 者이니 其 理由로써 國務總理로 信任키 不能하다는 辯論이 有한 後에 國務總理 到別노히 選擧하자는 申采浩의 改議와 韓鎭敎의 再請이 可決된 後에 李承晩과 其 外에 候補者 三人에 投票 選擧하자 趙素昂의 動議와 李漢根의 再請이 有하야 現出席員 三分之二의 可決로써 被薦케 하자는 崔謹愚의 改議와 呂運亨의 再請이 可決되야 候補者를 呼薦할

大韓民國臨時議政院紀事錄 第一回集

1919년 4월 11일 개최된 임시의정원 제1회 회의록
가장 먼저 결정한 것은 국호였고, 국호는 대한민국이라 했다.

- 재무총장: 최재형
- 재무차장: 이춘숙
- 군무총장: 이동휘
- 군무차장: 조성환
- 교통총장: 문창범
- 교통차장: 선우혁
- 국무원비서장: 조소앙

네 번째로 헌법을 제정하여 통과시켰다. 헌법은 조소앙이 기초한 것으로 알려져 있고, 신익희·이광수·조소앙 3인을 선정하여 초안을 심사하도록 했다. 그리고 일부 수정을 거쳐 10개 조로 된「대한민국임시헌장」을 제정 공포했다.

헌법을 제정 공포하는 일을 끝으로 임시정부를 수립하는 모든 절차가 마무리되었다. 이로써 1919년 4월 11일 국호를 대한민국으로 한 임시정부, 즉 대한민국 임시정부가 탄생되었다. 대한민국 임시정부는 대한민국이라는 국가와 이를 유지·운영하는 정부를 일컫는 것이다. 대한민국 임시정부가 수립되면서 우리 역사에서 또 하나의 국가가 세워졌다. 대한제국이 멸망한 후, 대한민국이란 국가를 수립한 것이다.

세 임시정부의 통합

상하이 이외에 다른 곳에서도 임시정부가 수립되었다. 수립된 임시정부 중에는 수립한 주체와 과정이 명확하게 밝혀진 경우도 있고, 전단으로만 알려진 경우도 있다. 실제적인 인적 기반과 조직을 갖춘 정부는 세 곳이었다. 상하이의 대한민국 임시정부, 연해주의 대한국민의회, 국내에서 수립된 한성정부가 그것이었다.

세 임시정부는 지역적 기반도, 인적 기반도 달랐다. 교통이 불편하고 서로 연락이 어려운 가운데, 각각의 지역적 기반을 배경으로 하여 임시정부를 수립한 것이다. 그러나 세 임시정부가 모두 민족의 대표기구로서 역할을 할 수 없었고, 세 임시정부를 통합하자는 움직임이 일어났다.

통합 문제는 연해주 대한국민의회 쪽에서 먼저 제기했다. 대한국민의회 상설의회 의장인 원세훈이 상하이로 가서 노령에도 대한국민의회가 있으니 의정원을 합하고 정부를 노령으로 옮기자고 제안한 것이다. 그러나 당시 상하이 쪽은 이 문제를 주도할 만한 여건이 되지 못했다. 국무총리 이승만을 비롯하여 각원들 대부분이 아직 취임하지 않았고, 법무총장 이시영만 있는 상태였다.

통합 문제는 내무총장 안창호가 부임하면서 구체적으로 추진되었다. 안창호는 미국에서 활동하고 있었는데, 내무총장에 선임되었다는 연락을 받고 곧바로 미국을 떠나 상하이에 와서 내무총장으로 집무를 시작했다. 그리고 국무총리 이승만을 대신하여 국무총리 대리도 맡았다.

안창호는 임시정부 통합을 추진하면서, 그 방안으로 삼두체제를 제기했다. 삼두체제는 집권자를 3명으로 하자는 것으로, 일종의 집단

내무총장으로 국무총리를 대리하면서 통합운동을 주도한 안창호

지도체제였다. 그 방안은 상하이에서 수립된 임시정부의 7총장은 그대로 두고, 7총장 위에 집권자 3명을 두자는 것이었다. 그리고 집권자 3명은 상하이에서 성립된 임시의정원 의원과 더불어 연해주·중국·미주지역에서 정식으로 의정원 의원을 선출하고, 이들로 구성된 의정원에서 뽑자고 했다.[68]

그러나 삼두체제는 통합 방안으로 현실화되지 못했다. 상하이 임시정부와 연해주 대한국민의회가 정부의 위치를 어디로 할 것이냐에 대한 문제로 서로 견제하고 있었기 때문이기도 하지만, 이승만이 한성정부를 배경으로 활동을 시작했다는 점이 크게 작용했다. 이승만은 상하이에서 수립된 임시정부에서는 국무총리이고, 한성정부에서는 집정관총재였다. 그러나 그는 임시정부의 명칭을 영어로 'Republic of Korea'라 호칭하고, 집정관총재를 '대통령President'으로 번역하여 대외적 명칭으로 삼았다. 그뿐만 아니라 임시정부가 수립된 사실과 자신이 대통령이라는 사실을 국내외에 알리며 대통령으로 활동하고 있었다.[69]

안창호는 삼두체제로 통합을 이룬다는 방안을 접었다. 그리고 한성정부를 중심으로 세 임시정부를 통합하고, 이승만을 대통령으로 선출하는 쪽으로 방향을 잡았다. 이승만이 대통령으로 활동하고 있는 상황에서 다른 방법이 없었기 때문이다. 안창호는 8월 28일 임시의정원 회의에 출석하여 이승만이 한성정부의 대통령으로 활동하고 있으니, 한성정부를 중심으로 통합을 이루자며 의원들을 설득했다.[70]

연해주 대한국민의회 측과도 협상을 벌였다. 이를 위해 내무차장

현순과 김성겸을 연해주로 파견해서 상하이와 연해주에서 수립한 임시정부는 모두 없애고, 국내에서 수립한 한성정부를 계승하는 형식으로 통합을 이루자는 방안을 제안했다. 정부의 위치는 상하이에 둘 것, 정부의 명칭은 대한민국 임시정부로 할 것, 그리고 상하이와 연해주의 각원은 모두 사퇴하고 한성정부에서 선출한 각원이 정부의 각원을 맡도록 하자는 내용이 핵심이었다.[71] 대한국민의회 측은 이 방안에 찬성했다.

세 임시정부가 통합을 이루고, 새롭게 정부를 구성하기 위해서는 거쳐야 할 절차가 있었다. 헌법을 개정하는 일이다. 1919년 4월 11일 공포한 「대한민국임시헌장」은 국무총리를 행정수반으로 하고 있었다. 대통령을 행정수반으로 삼으려면, 이를 개정해야 했다. 그리고 정부의 각원도 한성정부의 각원으로 바뀌면서, 정부도 개조할 필요가 있었다.

이러한 문제를 처리하기 위해 임시의회가 소집되었다. 1919년 8월 18일부터 제6회 임시의정원 회의가 열렸다. 안창호는 임시의정원에 「임시헌법개정안」과 「임시정부개조안」을 제출했다. 헌법개정안은 대통령 중심제를 핵심 내용으로 했고, 9월 6일 전문을 비롯하여 모두 8장 58개 조로 된 「대한민국임시헌법」이 통과되었다.

「임시헌법개정안」이 통과된 후 정부를 구성하는 절차에 들어갔다. 먼저 대통령 선거를 실시했다. 그 결과 이승만이 대통령으로 선출되었다.[72] 각원의 선출은 한성정부의 각원을 그대로 계승하는 형식으로 이루어졌고, 다만 집정관총재의 명칭만 대통령으로 바뀌었다.

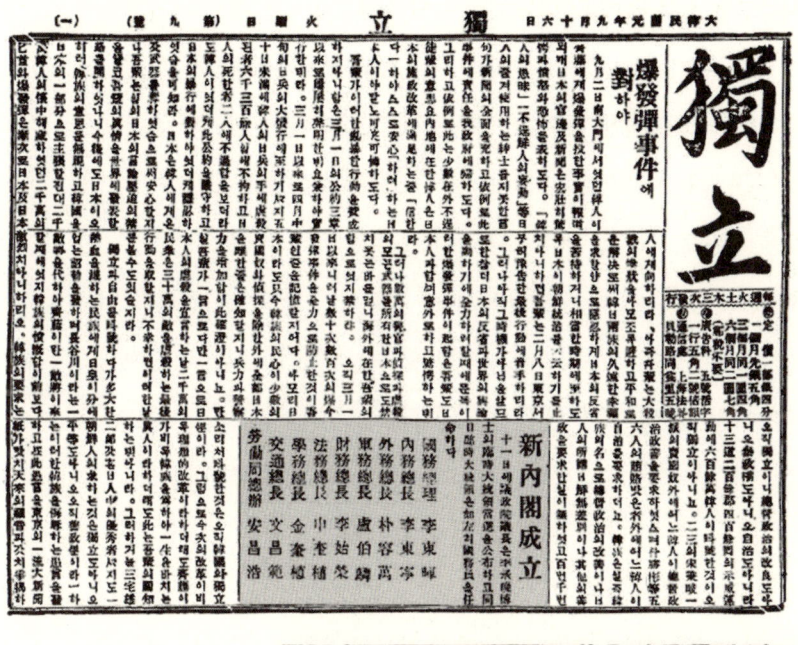

『독립신문』에 발표된 정부 각원 명단(1919년 9월 16일자)

- 대통령: 이승만
- 내무총장: 이동녕
- 군무총장: 노백린
- 법무총장: 신규식
- 교통총장: 문창범
- 국무총리: 이동휘
- 외무총장: 박용만
- 재무총장: 이시영
- 학무총장: 김규식
- 노동국총판: 안창호[73]

이로써 연해주·상하이·국내에서 수립된 세 임시정부가 통합을 이루어 새로운 정부를 구성하게 되었다. 통합정부는 1919년 9월 11일 공식적으로 선포되었다. 통합정부의 명칭은 대한민국 임시정부였고, 대한민국 임시정부는 한민족을 대표하는 유일한 정부가 되었다.

대한민국 임시정부 수립의 역사적 의의

대한민국 임시정부의 수립은 우리 민족의 역사에서 중요한 의의를 갖고 있다. 우선 우리 역사에서 처음으로 대한민국이라는 국호를 가진 국가를 건립했다는 점이다. 대한민국은 대한제국이 멸망한 후, 이를 이어 세운 국가였다. 대한제국의 국호인 '대한'을 그대로 계승했다. '제국'이라는 명칭만 '민국'으로 바꾸어 '대한민국'이라 한 것이다.

대한민국 임시정부가 수립되면서 우리 역사가 대전환을 이루게 되었다. 임시정부의 헌법인 「대한민국임시헌장」 제1조에 "대한민국은 민주공화제로 함"이라고 한 것이 바로 그것이다.[74] 대한민국 임시정부가 민주공화제 정부로 수립되면서, 전제군주제의 역사에서 민주공화제의 역사로, 군주주권의 역사에서 국민주권의 역사로 바뀐 것이다.

이후 대한민국 임시정부는 국가와 정부로 역할하면서, 국민주권과 민주공화제를 정착·발전시켰다. 임시정부는 헌법 제2조에 "대한민국은 임시정부가 임시의정원의 결의에 의하여 차此를 통치함"이라는 조항에 따라, 임시의정원에 의하여 운영되었다. 임시의정원은 국회와 같은 것이다. 임시의정원은 의원으로 구성되는데, 의원은 각 지역의 대표로 인구 30만 명당 1인을 선출했다.

임시의정원의 구성과 운영에 대한 것도 「임시의정원법」으로 제정되어 있었다. 「임시의정원법」은 현재 국회의 국회법과 큰 차이가 없었다. 임시의정원은 헌법을 제정하고, 법률안의 제안, 예산 및 결산 의결, 국무원·대사·공사 임명에 대한 동의, 선전포고 및 강화조약 체결에 대한 동의, 인민 청원 수리, 국무원 출석 답변 요구, 대통령과 국무원 탄핵 등에 대한 권한을 갖고 있었다. 그리고 의원들은 내무·외무 등 각 분과위원회를 구성하여 활동했으며, 심지어는 경위까지 두었다.[75] 지금의 국회와 조금도 다르지 않다.

정부의 지도체제도 다양하게 경험하면서 민주공화제를 정착·발전시켰다. 수립 당시에는 국무총리가 임시정부의 행정수반이었다. 그러나 1919년 9월 세 임시정부가 통합을 이루면서 헌법을 개정하여 대통령 중심제로 바꾸고, 초대 대통령에 이승만을 선출했다. 그런데 이승만 대통령이 미국에서 대통령직을 수행하면서 대통령과 상하이에 있는 국무위원들 사이에 갈등과 마찰이 일어났다. 이로 인해 임시정부가 파국을 겪게 되자, 임시의정원에서 1925년 3월 대통령을 탄핵했다.

이승만 대통령을 탄핵한 후, 대통령제를 국무령제로 바꾸었다. 이후 1927년 다시 헌법을 개정하여 집단지도체제인 국무위원제를 채택했고, 1940년 다시 단일지도체제인 주석제로 바꾸었다. 그리고 1944년 좌우연합정부가 수립되면서 주석·부주석제로 변경했다. 여러 차례에 걸쳐 지도체제를 바꾸는 과정에서, 민주공화제가 정착되고 발전되었다.

대한민국 임시정부는 연호를 사용했다. 수립 당시부터 국호인 '대한민국'을 연호로 사용하여, 1919년을 '대한민국 원년', 1945년은 '대한민국 27년'으로 표기한 것이다. 연호가 자주독립국을 나타내는 상징이라는 점을 감안하면, 독자적인 연호를 사용했다는 것은 대한민국 임시정부가 자주국가로 유지·운영되었다는 것을 말해준다.

대한민국 정부,
임시정부를 계승하다

임시정부를 계승·재건하자는
이승만의 제안

1948년 8월 15일 대한민국 정부가 수립되었다. 대한민국 정부를 수립한 것은 제헌국회였다. 제헌국회는 1948년 5·10총선거를 통해 선출된 국회의원으로 구성되었고, 5월 31일 개원했다. 이 제헌국회에서 헌법을 제정하고 국호를 대한민국으로 결정한 후, 대통령 이승만을 선출하여 정부를 수립했다. 그리고 8월 15일 대한민국 정부의 수립을 선포한 것이다.[76]

    제헌국회에서 정부를 어떻게 수립할 것인가에 대한 방향은 개원식에서 제기되었다. 그 방향을 제시한 것은 이승만이었다. 이승만은 제헌국회 개원과 더불어 국회의장으로 선출되었고, 국회의장으로 국회를 개원하는 개회사를 했다. 이를 통해 정부 수립에 대한 방향을 다음과

제헌국회에서 국회의장으로 개원식 개회사를 하는 이승만

같이 제시했다.

- 우리는 민족의 공선公選에 의하야 신성한 사명을 띠고 국회의원 자격으로 이에 모여 우리의 직무와 권위를 행할 것이니 먼저 헌법을 제정하고 대한독립민주정부를 재건설再建設하려는 것입니다.

- 이 민국民國은 기미년 3월 1일에 우리 13도 대표들이 서울에 모여서 국민대회를 열고 대한독립민주국임을 세계에 공포하고 임시정부를 건설하야 민주주의의 기초를 세운 것입니다.

- 이 국회에서 건설되는 정부는 즉 기미년에 서울에서 수립된 민국의 임시정부의 계승에서 이날이 29년 만에 민국의 부활일復活日 임을 우리는 이에 공포하며 민국연호民國年號는 기미년에서 기산起算할 것이요.77

이승만은 제헌국회에서 새로이 국가를 세우거나 새롭게 정부를 수립하자고 하지 않았다. 1919년에 대한민국 임시정부를 수립하여 민주주의의 기초를 세운 적이 있었다고 하면서, 이를 계승·재건·부활시키자고 했다. 그리고 연호도 대한민국 임시정부에서 사용하던 '대한민국'이란 연호를 그대로 사용할 것과 그 기점도 1919년부터 시작하자고 했다.

국호를 대한민국으로 하자는 이원홍 의원의 발언

이원홍 의원은 이승만 박사가 개회사와 선서문을 통해 이미 언급했다며
대한민국을 국호로 정하자고 했다.

이는 1919년에 수립된 대한민국 임시정부를 재건·부활하는 방법으로 정부를 수립하자는 것이었다. 이승만이 언급한 임시정부는 서울에서 수립한 한성정부였다. 한성정부는 홍진·이규갑 등의 주도 하에 이승만을 집정관총재로 하여 수립한 임시정부로, 1919년 4월 23일 국민대회 형식으로 선포되었다. 이후 한성정부는 앞에서 언급한 것처럼, 상하이와 연해주에서 수립된 임시정부와 통합을 이루었다.

제헌국회에서 대한민국 정부를 수립하는 과정은 이승만이 제시한 방향의 범위 안에서 진행되었다. 대표적인 예로 국호 결정 과정을 들 수 있다. 국호 문제가 제기되자 이승만은 "3·1운동에 의해 수립된 임시정부의 국호대로 대한민국으로 정하기로 하고"라 하여,[78] 임시정부의 국호인 대한민국을 국호로 결정하자고 했다. 이는 제헌국회에서 그대로 가결되었다. 7월 1일 제28차 회의에서 재석의원 188명 중 찬성 163표, 반대 2표로 대한민국을 국호로 결정한 것이다.[79]

**제헌헌법 전문에
임시정부의 계승·재건 천명**

대한민국 정부는 제헌국회에서 헌법을 제정하고, 이를 기초로 하여 수립되었다. 제헌헌법에서는 그 전문에 대한민국 정부를 수립한 근거를 다음과 같이 밝혀 놓았다.

유구한 역사와 전통에 빛나는 우리들 대한국민은 기미 3·1운동으로 대한민국을 건립하여 세계에 선포한 위대한 독립정신을 계승하여 이제 민주독립국가를 재건함에 있어서 ···.[80]

3·1운동으로 대한민국을 건립했고, 이를 계승하여 민주독립국가를 재건한 것이라는 내용이다. 3·1운동으로 건립한 대한민국, 그리고 민주독립국가는 대한민국 임시정부를 지칭하는 것이다. 제헌국회에서는 1919년에 수립되었던 대한민국 임시정부를 계승·재건하여 대한민국 정부를 수립했음을 제헌헌법 전문에 밝혀 놓았다.

제헌헌법 전문에 대한민국 정부를 수립한 근거를 밝혀 놓고자 한 것은 이승만이었다. 그렇게 하고자 한 데는 의도가 있었다. 자주적이고 독립적인 정부를 수립하려는 것이었다. 이승만은 미국이 일본에서 민주주의 정부를 세워 주었다는 것을 언급하면서, "조선에 와서도 미국은 민주주의 원칙에 임任하여 자기네가 세워주겠다고 하고 있는 터입니다"라 하고 있다. 그리고 전문에 수립 근거를 밝혀 놓아야 하는 이유를 다음과 같이 설명했다.

그런 까닭에 여기서 우리가 헌법 벽두劈頭에 전문前文에 더 써 널 것은 '우리들 대한국민은 유구한 역사와 전통에 빛나는 민족으로서 기미년 3·1혁명에 궐기하여 처음으로 대한민국 정부를 세계에 선포하였으므로 그 위대한 독립정신을 계승하여 자주독립의 조국 재건을 하기로 함'

이렇게 넣었으면 해서 여기 제의하는 것입니다. 무엇이라고 하든지 맨 꼭대기에 이런 의미의 문구를 넣어서 우리의 앞길이 이렇다 하는 것을 또 3·1혁명의 사실을 발포하여 역사상에 남기도록 하면 민주주의라는 오늘에 있어서 우리가 자발적으로 일본에 대하여 싸워가지고 입때 진력盡力해 오던 것이라 하는 것을 우리와 이후의 우리 동포들이 알도록 잊어버리지 않도록 했으면 좋겠다.[81]

이승만은 제헌국회에서 수립하는 정부는 미국이 세워주는 것이 아니라, 우리가 자주적이고 독립적으로 세우는 것임을 나타내고자 했다. 이러한 때문에 지금 수립하는 정부는 새로운 것이 아니라, 3·1운동으로 세운 '대한민국 정부'를 재건하는 것이라는 사실을 전문에 넣고자 한 것이다.

제헌헌법 전문에 수립 근거를 밝혀 놓은 것은 이승만의 역사의식과 자주의식이 작용한 것이었다. 여기에는 3·1운동으로 대한민국 임시정부를 수립한 사실과 우리 민족이 자발적으로 일본에 대항하여 독립운동을 전개했다는 사실을 동포들이 알도록 하고, 그 사실을 잊어버리지 않도록 하려는 뜻이었다. 또한 우리 민족은 독립을 선언하고 자주적으로 대한민국 임시정부를 수립했는데, 임시정부를 부정하고 새로이 건국을 한다면 그 건국은 외세에 의한 것이 된다는 우려도 있었다.

임시정부와 동일한 연호 사용

대한민국 정부에서는 임시정부가 사용하던 '대한민국'이란 연호를 그대로 이어서 사용했다. 앞에서 언급했지만, 이승만은 1948년 5월 31일 국회를 개원하면서 연호는 '민국'이라고 한다며 '기미년에서 기산起算할 것'이라고 했다. 당시 제헌국회에서는 단기를 주로 사용했지만, 이승만은 7월 24일 대통령에 취임한 이후부터 정부문서에 대한민국이라는 연호를 썼다.

대통령이 국회의장에 보내는 「대법원장 임명승인에 관한 건」에도, 국무총리가 국회의장에 보내는 「행정권 이양에 관한 경과보고의 건」에도 모두 대한민국이라는 연호를 사용했다. 또 정부 수립 후 처음으로 대한민국정부공보처에서 『관보』를 발행할 때도, '대한민국 30년 9월 1일'이라고 표기했다. 대한민국 정부에서 공식적으로 대한민국이라는 연호를 사용한 것이다.

연호는 국가가 바뀌면 물론이고, 같은 국가에서도 황제가 바뀌면 새로운 연호를 사용한다. 현재도 서기 연호를 사용하지 않고, 독자적인 연호를 사용하고 있는 일본의 경우를 예로 들어 본다. 일본은 1868년 천황이 취임하면서 메이지明治라는 연호를 사용했다. 이어 1912년 새로운 천황이 즉위하면서 다이쇼大正란 연호를, 1926년 즉위한 천황은 쇼와昭和를 사용했다. 그리고 그 아들이 천황에 즉위해서는 헤이세이平成이란 연호를 사용하고 있다.

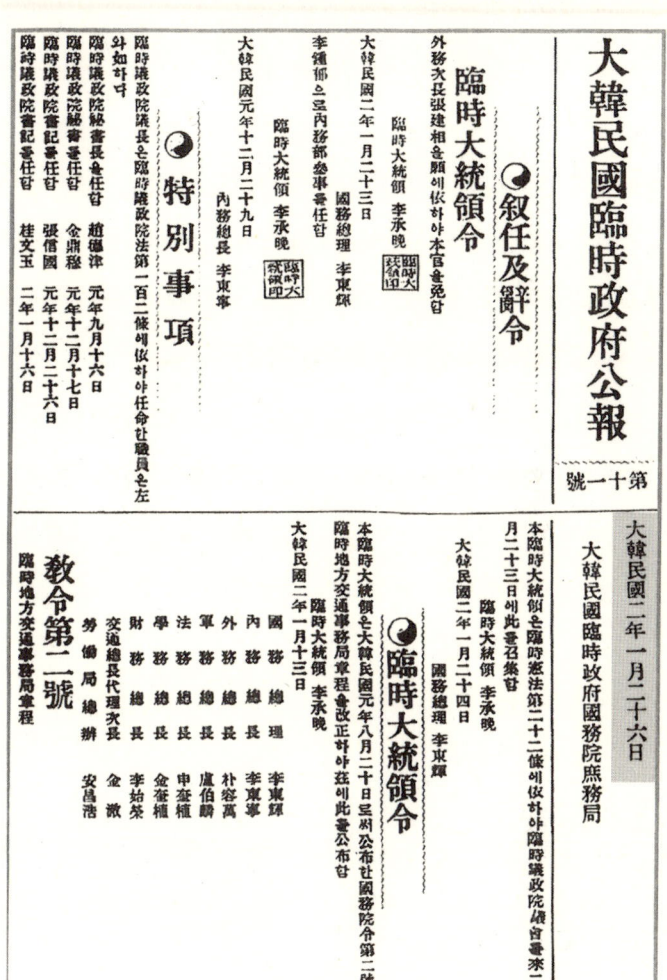

대한민국 임시정부 국무원에서 발행한 『대한민국임시정부공보』 제11호
발행일자를 '대한민국 2년 1월 26일'이라고 했다. '대한민국 2년'은 1920년이다.

우리 역사에서도 독자적인 연호를 사용한 적이 있었다. 가까운 예로 1897년 국호 조선을 대한제국으로 바꾸고, 고종이 황제로 즉위하면서 독자적인 연호를 사용했다. 고종이 황제로 즉위하면서 '광무光武'라는 연호를 사용했고, 고종황제가 즉위한 1897년은 '광무 원년'이라고 했다. 1907년 고종이 일제에 의해 강제로 퇴위당하고, 그의 아들 순종이 황제로 즉위했다. 대한제국이란 국가는 변하지 않았지만, 황제가 바뀌면서 순종은 '융희'라는 연호를 썼다.

대한민국 정부는 임시정부가 사용한 연호를 그대로 사용했고, 그 시점도 1919년부터 계산하여 1948년을 '대한민국 30년'이라고 표기했다. 동일한 연호를 사용한 1919년의 대한민국과 1948년의 대한민국은 다른 국가라고 할 수 없다. 같은 국가이다.

참고글

1948년 건국론은 역사농단이다

1 「우리도 건국절을 만들자」,『동아일보』 2006년 7월 31일자.
2 한시준 편,『대한민국임시정부법령집』, 국가보훈처, 1999, 41쪽.
3 국사편찬위원회,『대한민국임시정부자료집』1(헌법·공보), 2005, 5쪽.
4 조동걸,「대한민국임시정부의 헌법과 이념」,『대한민국임시정부 수립80주년기념논문집』상, 국가보훈처, 1999, 682~683쪽.
5 조동걸,「대한민국임시정부의 건국강령」, 위의 책; 한시준,「大韓民國臨時政府의 光復후 民族國家 建設論」,『한국독립운동사연구』 3, 독립기념관 한국독립운동사연구소, 1989 등의 연구가 있다.
6 「훼손된 국가 정통성 되살아났나」,『동아일보』, 2008년 4월 24일자.
7 건국60년기념사업추진위원회, '대한민국건국60주년기념 국제학술회의에 초대합니다', 2008년 7월, 23~24쪽.
8 한시준 편,『대한민국임시정부법령집』, 국가보훈처, 1999, 41쪽.
9 국사편찬위원회,『대한민국임시정부자료집』1(헌법·공보), 2005, 12쪽 및 28쪽.
10 건국60년기념사업추진위원회가 주최한 학술회의에서 발표된 17개 주제는 다음과 같다.
  - 미국, 소련 그리고 대한민국의 건국
  - 2차 대전과 소련의 한반도 정책
  - 미국과 한국의 분단, 1945~48
  - 대한민국과 임시정부의 관계
  - 국가건설의 도전과 응전: 건국과 이승만
  - 개인일기에 비친 건국과 전쟁
  - 광복이후 좌익의 혁명론
  - 해방정국과 기독교 건국운동

- 건국과 유엔의 역할
- 민주주의의 가능성: 대한민국 건설에 있어서의 미국의 역할
- 국가안보의 보루를 세우며: 건국과 한국군
- 미군과 한국국민의 상호작용
- "우리들 대한국민"의 정체성과 정당성에 관한 소고
- 대한민국 건국에 관한 일본인들의 견해
- 대한민국 건국의 세계사적 의의
- 급진적 민족주의 대 보수적 민족주의: 냉전초기 동아시아에서의 제 국가건설 담론

11 정주영, 『이 땅에 태어나서 나의 살아온 이야기』, 솔출판사, 1998, 49~50쪽.
12 한시준, 「대한민국임시정부와 민주공화제의 확립 발전」, 『나라사랑 독립정신』, 국가보훈처, 2005, 148~149쪽.
13 고정휴, 「대한민국임시정부 임시대통령으로서의 이승만」, 유영익 편, 『이승만 대통령 재평가』, 연세대학교 출판부, 2006.
14 국가보훈처, 『대한민국임시정부 수립80주년기념논문집』 상·하, 1999.
15 국사편찬위원회가 주관하여 발간하는 『대한민국임시정부자료집』은 임시정부의 헌법과 공보를 비롯하여 정부 수반문서, 임시의정원 문서, 한국광복군 자료, 외무부·내무부 등 행정부서 자료, 정당 관련 자료 등 임시정부와 관련된 모든 자료들을 수집하여 발간하고 있다. 2005년도에 8권을 발행한 이래 현재까지 모두 21권을 발행했다.
16 전상인, 「해방공간과 보통사람들의 일상생활」, 김영호 편, 『대한민국건국60년의 재인식』, 기파랑, 2008, 222쪽.
17 한시준 편, 『대한민국임시정부법령집』, 국가보훈처, 1999, 44쪽.
18 양동안, 「대한민국과 임시정부의 관계」, 이인호·김영호·강규형 편, 『대한민국 건국의 재인식』, 기파랑, 2009, 160쪽.
19 양동안, 위의 논문, 12~13쪽.
20 대한민국정부공보처, 『官報』 제1호, 대한민국 30년 9월 1일.
21 이화100년사편찬위원회, 『梨花100年史』, 1994, 49~51쪽.
22 고려대학교90년지편찬위원회, 『高麗大學校九十年誌』, 1995, 292쪽.

23　연세대학교백년사편찬위원회,『연세대학교백년사』1, 1985.
24　유영익,「李承晩 國會議長과 大韓民國憲法 制定」,『역사학보』 189, 2006.
25　대한민국국회,『制憲國會速記錄』1, 1987, 1쪽.
26　『제헌국회속기록』1, 8쪽. 이승만이 188표를 얻은 것 외에 이청천 4표, 김약수 2표, 신익희 2표, 이윤영 2표, 무효 1표였다.
27　연세대학교 현대한국학연구소,『雩南李承晩文書』東文篇 15, 1998, 90~92쪽.
28　이현주,「3·1운동 직후 국민대회와 임시정부 수립운동」,『한국근현대사연구』6, 1997; 고정휴,「세칭 한성정부의 조직주체와 선포경위에 대한 검토」,『한국사연구』97, 1997.
29　김희곤,『대한민국임시정부(상해시기)』, 독립기념관 한국독립운동사연구소, 2008, 93~94쪽.
30　윤대원,『상해시기 대한민국임시정부 연구』, 서울대학교 출판부, 2006, 43쪽.
31　『制憲國會速記錄』1, 1쪽.
32　김수용,『건국과 헌법』, 경인문화사, 2008, 264~265쪽.
33　김수용,『건국과 헌법』, 경인문화사, 273쪽.
34　「國號는 大韓民國. 憲委, 逐條討議 進行」,『조선일보』1948년 6월 9일자.
35　『制憲國會速記錄』1, 284쪽.
36　『制憲國會速記錄』1, 291쪽.
37　『制憲國會速記錄』1, 299쪽.
38　『制憲國會速記錄』1, 296쪽.
39　『制憲國會速記錄』1, 347쪽.
40　『制憲國會速記錄』1, 349쪽.
41　백범김구선생전집편찬위원회,『백범김구전집』5, 대한매일신보사, 1999, 670~671쪽.
42　「臨政國務委員補選 國民議會代議員會議서」,『조선일보』1947년 3월 5일자.
43　오대록,「해방 후 대한민국임시정부 연구」, 단국대학교 대학원 박사학위논문, 2014, 131쪽.

44 양동안,『대한민국건국사』, 현음사, 2001, 341쪽.
45 『制憲國會速記錄』1, 348쪽.
46 『制憲國會速記錄』, 502~512쪽.
47 『制憲國會速記錄』, 635쪽.
48 『制憲國會速記錄』, 684쪽.
49 『制憲國會速記錄』1, 757쪽.
50 이하 미국의 독립전쟁과 정부 수립 과정에 대한 설명은 이주영,『미국사』, 대한교과서주식회사, 2006; 이보형,『미국사 개설』, 일조각, 2005을 참조하여 정리했다.
51 2008년 '건국60년' 주장이 제기될 때 한시준은 「대한민국 건국은 1919년」(『경향신문』 2008년 4월 22일자)과 「대한민국 역사가 위태롭다」(『경향신문』 2008년 5월 14일자), 이만열은 「대한민국 90년, 정부 수립 60년」(『경향신문』 2008년 6월 3일자)과 「'건국60년' 역사인식 잘못됐다」(『경향신문』 2008년 7월 29일자), 김희곤은 「'건국60년'이 왜 문제인가」(『매일신문』 2008년 8월 15일자) 등의 칼럼을 통해 '건국60년'의 부당성을 지적했다. 그리고 한국근현대사학회를 비롯하여 한국사연구회·한국역사연구회·역사교육연구회·역사문제연구소·고려사학회·한일민족문제학회·민족문제연구소·부산경남사학회·호서사학회·전남사학회·전북사학회·아시아평화교육연대 등 역사학 관련 14개 학술단체는 2008년 8월 12일 「'건국60년'과 '건국절' 철회를 촉구하는 역사학계의 성명서」를 발표했다.
52 대표적인 연구로 독립기념관의 주도로 관련 학자들이 참여하여 편찬한『대한민국의 기원, 대한민국임시정부』(2009) 책자가 발행되었다. 또 한시준, 「대한민국 '건국60년', 그 역사적 모순과 왜곡」,『한국근현대사연구』46, 한국근현대사학회, 2008; 「일본의 역사왜곡보다 더 심각한 '건국60년'」,『시민과 세계』14, 2008; 「대한민국 '건국60년', 어떻게 이해할 것인가」,『백범과 민족운동연구』7, 백범학술원, 2009; 「대한민국의 역사, 언제부터 보아야 하나」,『현대사광장』2, 대한민국역사박물관, 2013 등의 논문을 발표했다.
53 윤대원, 「3·1운동과 대한민국임시정부에 대한 남북의 역사인식」,『한국독립운동사연구』17, 독립기념관 한국독립운동사연구소, 2001, 85~88쪽.

54 김일성종합대학, 『조선민족해방투쟁사』, 1949, 265~266쪽.
55 과학백과사전종합출판사, 『조선전사』 15, 1980, 217쪽.
56 송병기, 『울릉도와 독도, 그 역사적 검증』, 역사공간, 2010, 236~237쪽.
57 『高等外事月報』, 1940년 9월호.
58 건국60년기념사업추진위원회, '대한민국건국60주년기념 국제학술회의에 초대합니다', 2008, 24쪽.
59 전상인 저, 김영호 편, 『대한민국건국60년의 재인식』, 기파랑, 2008, 222쪽.
60 정영훈, 「단기 연호, 개천절 국경일, 홍익인간 교육이념」, 『정신문화연구』 제31권 제4호, 2008, 172쪽.
61 국사편찬위원회, 『대한민국임시정부자료집』 8(정부수반), 2006, 108쪽.
62 조덕천, 「대한민국 임시정부의 국경일 제정과 '건국기원절' 기념」, 『대한민국은 언제 세워졌는가 – 대한민국 건립에 대한 역사적 법률적 국제정치적 이해』(대한민국임시정부수립98주년 기념 국제학술회의 발표요지), 2017, 45–48쪽.
63 『독립신문』 1922년 5월 6일자, 「第10回臨時議政院會議記事」.
64 「建國紀元節에」, 『독립신문』 1926년 11월 18일자.
65 국사편찬위원회, 『자료 대한민국사』 14, 2000, 342쪽.
66 일자가 4월 11일에서 4월 13일로 바뀌었다. 이는 1990년 대한민국임시정부수립기념일을 제정하면서 일자를 착각하여 잘못 정한 것이다. 필자는 이에 대해 「잘못 알고 있는 임정 기념일」(『조선일보』 2005년 4월 5일) 등의 칼럼과 「대한민국임시정부수립기념일, 바로잡아야」(『한국근현대사연구』 44, 2008)라는 글을 통해 4월 11일로 바로 잡아야 할 것을 제안하였다.

대한민국은 1919년에 건립되었다

1 박찬승,『대한민국은 민주공화국이다』, 돌베개, 2013, 72~76쪽.
2 柳永烈,『大韓帝國期의 民族運動』, 일조각, 1997, 89~90쪽.
3 愼鏞廈,「新民會의 創建과 그 國權恢復運動」하,『韓國學報』9, 1977.
4 趙東杰,「1910년대 獨立運動의 變遷과 特性」,『韓國民族主義의 成立과 獨立運動史研究』, 지식산업사, 1989, 369쪽.
5 朴永錫,「日帝下 滿洲露領地域에서의 復辟 民族主義系의 抗日獨立運動」,『日帝下獨立運動史研究』, 일조각, 1984, 47쪽.
6 尹炳奭,『增補 李相卨傳』, 일조각, 1998, 163쪽.
7 趙東杰,「臨時政府樹立을 위한 1917년의 大同團結宣言」,『韓國學論叢』9, 국민대학교 한국학연구소, 1987, 147쪽.
8 趙東杰, 위의 글 부록「大同團結宣言」.
9 趙東杰,「3·1運動의 地方史的 研究」,『歷史學報』47, 101쪽.
10 潘炳律,「大韓民國議會의 성립과 조직」,『韓國學報』46, 1987, 165쪽.
11 김희곤,『대한민국임시정부 연구』, 지식산업사, 2004, 56~57쪽.
12 한시준 편,『大韓民國臨時政府法令集』, 국가보훈처, 1999, 41~43쪽.
13 李炫熙,『大韓民國臨時政府史』, 집문당, 1982, 69쪽.
14 임시정부의 헌법과 관련해서는 金榮秀,『大韓民國臨時政府憲法論』, 삼영사, 1980; 趙東杰,「대한민국임시정부의 헌법과 이념」,『대한민국임시정부수립80주년기념논문집』상, 국가보훈처, 1999라는 대표적인 연구가 있다.
15 趙東杰, 위의 책, 668~670쪽.
16 한시준 편,『大韓民國臨時政府法令集』, 44~51쪽. 이하 헌법과 관련된 설명은 이에 근거한다.
17 尹炳奭,「大韓民國臨時政府序說-臨時議政院文書를 중심으로」,『韓國史와 歷史意識』, 인하대학교 출판부, 1989, 255쪽.
18 한시준,『大韓民國臨時政府法令集』, 24~28쪽.
19 趙東杰,「대한민국임시정부의 헌법과 이념」, 670~680쪽.

20　高珽烋,「世稱 漢城政府의 組織主體와 宣布經緯에 대한 檢討」, 『한국사연구』 97, 1997, 195쪽.

21　韓哲昊,「대한민국임시정부의 대통령제」,『대한민국임시정부 수립 80주년기념논문집』상, 국가보훈처, 1999, 126~130쪽.

22　유영익,『이승만의 삶과 꿈』, 중앙일보사, 1996, 148쪽.

23　韓哲昊, 위의 논문, 132쪽.

24　「臨時憲法改訂案 臨時政府改造案」,『독립신문』 1919년 9월 2일자.

25　국회도서관,『大韓民國臨時政府議政院文書』, 1974, 64쪽.

26　독립운동사편찬위원회,『독립운동사』 4, 1974, 219~220쪽.

27　孫世一,「大韓民國臨時政府의 政治指導體制」,『3·1運動50周年 紀念論集』, 동아일보사, 1969, 920~921쪽.

28　국회도서관,『韓國民族運動史料』中國篇, 1976, 549~550쪽.

29　「臨時大統領을 選擧」,『독립신문』 1925년 3월 23일자.

30　「改正憲法案이 通過」,『독립신문』 1925년 3월 31일자.

31　蔡永國,『韓民族의 만주독립운동과 正義府』, 국학자료원, 2000, 230쪽.

32　「新政府를 祝함」,『독립신문』 1926년 9월 3일자.

33　金九,「백범일지」, 도진순 주해,『백범일지』, 돌베개, 1997, 361쪽.

34　趙澈行,「대한민국임시정부의 국무위원회제」,『대한민국임시정부 수립80주년기념논문집』상, 171쪽.

35　趙東杰,「대한민국임시정부의 헌법과 이념」, 674~677쪽.

36　독립운동사편찬위원회,『독립운동사』 4, 814쪽.

37　洪善杓,「대한민국임시정부의 주석제」,『대한민국임시정부수립 80주년기념논문집』상, 193~195쪽.

38　한시준,「1940년대 전반기의 민족통일전선운동」,『대한민국임시정부의 좌우합작운동』, 한울, 1995, 154~155쪽.

39　金榮秀,『大韓民國臨時政府憲法論』, 172쪽

40　김희곤,「대한민국 임시의정원의 성격」,『대한민국임시정부연구』, 88~89쪽.

41　국회도서관,『大韓民國臨時政府議政院文書』, 1974, 39~42쪽.
42　1919년 9월에 공포된「대한민국임시헌법」에는 임시의정원의 기능과 직권이 다음과 같이 규정되어 있다. 일체 법률안 의결, 정부의 예산 및 결산 의결, 조세 화폐 도량형의 준칙 의정, 공채모집 및 국고부담에 관한 사항, 임시대통령 선거, 국무원 및 대사 공사 등 임명 동의, 선전강화와 조약체결 등의 동의, 법률안 제출, 국무원의 출석 및 답변 요구, 임시대통령 위법시 탄핵 등(한시준 편,『大韓民國臨時政府法令集』, 47~48쪽).
43　「임시의정원법」은 1919년 4월 25일 제정 공포된 이래, 1919년 9월 17일, 그리고 1942년 10월에 개정되었다.
44　이후 1919년 9월 헌법을 개정하면서 중령(中領)과 아령(俄領)의 의원을 3인에서 6인을 선출하도록 하여, 의원수가 51명에서 57명으로 늘어났다.
45　한시준,「上海韓國獨立黨研究」,『龍巖車文燮博士華甲紀念 史學論叢』, 신서원, 1989, 605쪽.
46　趙凡來,「한국국민당 연구」,『한국독립운동사연구』4, 1990, 388쪽.
47　盧景彩,「한국독립당연구」, 고려대 대학원 박사학위논문, 1991, 50쪽.
48　한시준,『韓國光復軍研究』, 일조각, 1993, 165~166쪽.
49　국회도서관,『大韓民國臨時政府議政院文書』, 275쪽.
50　국사편찬위원회,『韓國獨立運動史資料』2, 1968, 216쪽.
51　「大韓民國臨時政府宣言」의 全文은 국사편찬위원회,『韓國獨立運動史資料』2, 216~220쪽; 국회도서관,『韓國民族運動資料』中國篇, 1976, 62~66쪽에 수록되어 있다.
52　대한민국임시정부선전위원회,『韓國獨立運動文類』제1집, 1942, 24~25쪽.
53　한시준,「趙素昻의 三均主義」,『韓國史市民講座』10, 일조각, 1992, 110쪽.
54　한국독립당은 그 당의에 "이에 本黨은 革命的 手段으로써 원수 일본의 모든 침탈 세력을 박멸하고 국토와 주권을 완전히 광복하고 정치 경제 교육의 균등을 기초로 한 新民主國을 건설하여서 안으로는

　　　　국민각개의 균등생활을 확보하며 밖으로는 민족과 민족 국가와 국가와의 평등을 실현하고 나아가 世界一家의 進路로 향함"이라고 했다(국사편찬위원회,『韓國獨立運動史資料』3, 1968, 396쪽).

55　한시준,「大韓民國臨時政府의 光復 후 民族國家建設論」,『한국독립운동사연구』3, 1989, 524쪽.

56　金榮秀,『大韓民國臨時政府憲法論』, 151~153쪽.

57　『大韓民國臨時政府公報』제72호, 1941년 12월 8일.

58　건국강령에 대해서는 한시준의「大韓民國臨時政府의 光復 후 民族國家建設論」,『한국독립운동사연구』3, 1989; 趙東杰의「대한민국임시정부의 건국강령」,『대한민국임시정부수립80주년기념논문집』상, 국가보훈처, 1999 연구가 있다. 이하 건국강령에 대한 설명과 분석은 이에 근거한다.

59　국사편찬위원회,『韓國獨立運動史資料』3, 396쪽.

60　삼균학회,『素昻先生文集』상, 횃불사, 1979, 218쪽.

61　이러한 뜻은 임시정부와 한국독립당의 이론가 역할을 하며 삼균주의를 창안한 조소앙의 글에서 나타난다. 그는 1935년 9월에 발표한「告黨員同志書」에서 "구민주주의의 결점은 독재를 타도하여 독재를 창조한 데 있다"고 지적하면서, 그 실례로 프랑스·미국·러시아를 들고 있다. 즉 프랑스와 미국은 군주의 독재에서 벗어나기 위해 민주주의를 창립했지만, 100여 년간 시험한 결과는 지식파(智識派)·유산파(有産派)의 독재로 귀결되었고, 의회제도가 전민중을 대리한다는 모토 아래 오히려 전민중을 수화(水火)에 빠트렸다고 힐난했다. 러시아 역시 군주독재와 지부계급(智富階級)의 발호에 자극되어 소비에트를 확립했지만, 십여 년간 시험한 결과는 무산독재에 귀착되었으며, 대다수 민중의 참정권이 박탈되었다고 했다(金正柱,『朝鮮統治史料』10, 1971, 762쪽).

62　김도훈,「1910년대 초반 미주한인의 임시정부 건설론」,『한국근현대사연구』10, 1999, 259쪽.

63　윤병석,『증보 이상설전』, 일조각, 1998, 130쪽.

64　강영심,「신한혁명당의 결성과 활동」,『한국독립운동사연구』2, 1988, 128~129쪽.

65　조동걸,「임시정부 수립을 위한 1917년의 대동단결선언」,『한국학

논총』9, 131쪽.
66 김희곤,『대한민국임시정부연구』, 지식산업사, 2004, 87쪽.
67 국사편찬위원회,『대한민국임시정부자료집』2, 2005, 19~26쪽.
68 한시준,「도산 안창호와 대한민국임시정부」,『도산학연구』13, 2010, 202쪽.
69 고정휴,『이승만과 한국독립운동』, 연세대학교 출판부, 2004, 79쪽.
70 「臨時憲法改訂案 臨時政府改造案」,『독립신문』1919년 9월 2일자.
71 반병률,「대한국민의회와 상해임시정부의 통합정부 수립운동」,『한국민족운동사연구』2, 1988, 105~106쪽.
72 국사편찬위원회,『대한민국임시정부자료집』2, 2005, 81쪽.
73 「신내각성립」,『독립신문』1919년 9월 16일자.
74 국사편찬위원회,『대한민국임시정부자료집』1, 2005, 3쪽.
75 국사편찬위원회,『대한민국임시정부자료집』2, 2005, 3~18쪽.
76 양동안,『대한민국건국사』, 현음사, 2001, 515~534쪽.
77 연세대학교 현대한국학연구소,『雩南李承晩文書』東文篇 15, 1998, 90~92쪽.
78 유영익,『건국대통령 이승만』, 일조각, 2013, 241쪽.
79 대한민국국회,『제헌국회속기록』, 1987, 349쪽.
80 大韓民國政府公報處,『관보』제1호, 대한민국 30년 9월 1일.
81 大韓民國國會,『制憲國會速記錄』1, 1987, 348쪽.

찾아보기

ㄱ

갑신정변 121
갑오경장 121
개천절(開天節) 106~108, 110, 113
건국60년 기념 강의 48
건국60년기념사업추진위원회 27, 37, 40, 43, 49, 53, 57
건국기원절 107, 108, 110, 112, 113
경학사 123
고려대학교 59, 60
과도정권(過渡政權) 73~75
『관보(官報)』 85, 200
광무(光武) 85
광복절 113
광복회 27, 106
광혜원(廣惠院) 59, 60
국가보훈처 45
국경일에 관한 법률 113, 115
국사편찬위원회 45
김구 74, 144, 149, 153, 154
김규식 149, 182, 190
김동삼 181
김성겸 188
김성수 59
김원봉 154
김인전(金仁全) 108
김준연(金俊淵) 77

ㄴ

남형우 182
노백린 190
노진설(盧鎭卨) 64

ㄷ

다이쇼(大正) 85
당면정책(當面政策) 73
「대동단결선언(大同團結宣言)」 126, 127, 174
대륙연합군 91
대륙회의 91
대한국민의회 68, 128, 129, 133, 185, 187, 188
대한독립선언 176
『대한민국 건국60년의 재인식』 29
「대한민국건국강령」 34, 162, 164
『대한민국4년역서』 108
「대한민국임시정부선언」 157
『대한민국임시정부 수립80주년기념논문집』 45
「대한민국임시약헌」 132, 144, 149
「대한민국임시헌법」 34, 40, 51, 68, 104, 132, 133, 188
「대한민국임시헌장」 34, 40, 108, 129, 132, 149, 184, 188, 190
대한민국 임시정부 수립기념일 45
대한민국정부공보처 85, 200
대한민국 정부 수립 국민축하식 40
대한인국민회 171
대한자강회 122
독립선언일 107, 108, 110
독립협회 121
동북아역사재단 98
『동아일보』 60

ㅁ

만민공동회 122
메이지(明治) 85
문창범 184, 190
민병대 91
민족혁명당 153, 156

ㅂ

박근혜 정부 95, 106
박용만 190
박은식 124, 126, 140, 174
박찬익 154
방응모 60
백관수(白寬洙) 77
백남칠 182
벤자민 프랭클린(Benjamin Franklin) 92
보성법률상업학교 59
보성전문학교 59, 60
보스턴 차 사건 89
비상국민회의 74

ㅅ

삼균제도의 제1차 선언 163
삼균제도의 제2차 선언 163
삼균주의 159, 160, 162, 167, 169
삼균주의 국가 167, 169
삼두체제 185, 187
3·1절 110, 113
상동교회 58
서용길(徐容吉) 71
선우혁 184
성신여자대학교 48
세브란스의학교 59
손병희(孫秉熙) 59, 67
손정도 150, 181
쇼와(昭和) 85
스크랜턴(W. B. Scranton) 부인 58~60

신규식 126, 174, 181, 190
신민회 122, 123
신석우 182
신익희(申翼熙) 73, 181, 182, 184
신한청년당 181
신한혁명당 124, 174
신흥강습소 123
13도의군(十三道義軍) 124, 171

ㅇ

안창호 68, 138, 139, 144, 182, 185, 187, 188, 190
알렌(Horace Newton Allen) 59
양기탁 144
언더우드(Horace Grant Underwood) 59
여운홍 181
연세대학교 59, 60
연희대학교 59
연희전문학교 59
원세훈 185
유동열 154
유인석 171
윤봉길 146
윤치영(尹致暎) 77
융희(隆熙) 85
이광수 181, 182, 184
이규갑 67, 129, 197
이기붕(李起鵬) 86
이동녕 150, 181, 182, 190
이동휘 68, 139, 184, 190
이명박 정부 27, 29, 37, 95, 96
이범석 85
이상룡(李相龍) 123, 144
이상설 124, 174
이승만 28, 45, 62, 64, 65, 67~70, 72, 73~78, 81, 82, 86, 88, 100, 137~140, 182, 185, 187, 188,

190~193, 195, 197~200
이시영 181, 182, 185, 190
이용익 59
이원홍(李源弘) 71, 196
이종린(李鍾麟) 77
이청천 70
이춘숙 184
이화여자고등보통학교 58
이화여자대학교 57~60
이화여자보통학교 58
이화여자전문학교 58
이화학당(梨花學堂) 58
이회영(李會榮) 123, 181
「임시대통령 이승만 탄핵안」 140
임시의정원 51
「임시의정원법」 151, 191

ㅈ
장병만(張炳晩) 71
장제스 101
전규홍(全奎弘) 64
전로한족회중앙총회 129, 171
정주영 42, 43
제중원(濟衆院) 59
제헌절 113
제헌헌법 30, 32, 55, 56, 62, 73, 197~199
조국현(趙國鉉) 72
조봉암(曺奉岩) 73
조석혁명자연맹 156
『조선근대사』 101
조선민족당 156
조선민족해방동맹 156
『조선민족해방투쟁사』 101
조선민족혁명당 149, 155
『조선일보』 60
조선의용대 149, 155
『조선전사』 101

『조선총독부법령집』 103
『조선통사』 101
조선혁명당 155
조성환 154, 181, 184
조소앙 126, 159, 160, 174, 181, 184
조완구 154, 181
조지 워싱턴(George Washington) 91, 92
존 애덤스(John Adams) 92

ㅊ
최국현(崔國鉉) 77
최근우 181
최동오 154
최재형 184
최창식 181

ㅌ
토마스 제퍼슨(Thomas Jefferson) 91
통일동지회 156

ㅍ
파리강화조약 92
파리강화회의 174, 176
필라델피아 회의 92

ㅎ
한국광복군 51, 149, 161
한국국민당 153, 155, 160, 161
한국독립당 153, 155, 156, 158, 160, 161, 167, 168
한성정부 67, 68, 128, 129, 133, 137, 138, 185, 187, 188, 197
한족회 171
헌법 및 정부조직법기초위원회 69, 70
헤이세이(平成) 85
현대그룹 42
현대자동차공업사 42, 43
현순 181, 182, 188
홍진 67, 129, 144, 154, 197

1948년 건국론과 건국절

초판 1쇄 인쇄 2017년 7월 19일
초판 1쇄 발행 2017년 7월 25일

글 쓴 이 한시준
펴 낸 이 주혜숙

펴 낸 곳 역사공간
등   록 2003년 7월 22일 제6-510호
주   소 04030 서울특별시 마포구 양화로 11길 18(서교동) 원오빌딩 4층
전   화 070-7825-9900~8, 02-725-8806
팩   스 02-725-8801
전자우편 jhs8807@hanmail.net

ISBN 979-11-5707-143-2 03910

· 책값은 뒤표지에 있습니다. 잘못된 책은 바꾸어 드립니다.
· 이 도서의 국립중앙도서관 출판예정도서목록(CIP)은 서지정보유통지원시스템 홈페이지
  (http://seoji.nl.go.kr)와 국가자료공동목록시스템(http://www.nl.go.kr/kolisnet)에서 이용하실
  수 있습니다.(CIP제어번호: CIP2017013287)